AF357001

# MANUEL

DE

## L'INGÉNIEUR MÉCANICIEN

CONSTRUCTEUR

## DE MACHINES A VAPEUR.

IMPRIMERIE DE HUZARD-COURCIER,
rue du Jardinet, n°. 12.

# MANUEL

DE

## L'INGÉNIEUR MÉCANICIEN

CONSTRUCTEUR

## DE MACHINES A VAPEUR,

PAR

## OLIVER ÉVANS, DE PHILADELPHIE;

TRADUIT DE L'ANGLAIS

### PAR I. DOOLITTLE, CITOYEN DES ÉTATS-UNIS,

Membre de la Société d'Encouragement pour l'industrie nationale;

PRÉCÉDÉ

D'UNE NOTICE HISTORIQUE SUR L'AUTEUR, ET SUIVI DE NOTES
PAR LE TRADUCTEUR.

## SECONDE ÉDITION.

## PARIS,

### BACHELIER, (SUCCESSEUR DE M^me V^e COURCIER),

LIBRAIRE POUR LES SCIENCES ET LES ARTS,

QUAI DES GRANDS AUGUSTINS, N° 55.

1825

# AVERTISSEMENT

## DU

# TRADUCTEUR.

———

L'ouvrage dont nous donnons ici la traduction fut publié à Philadelphie en 1805. L'auteur continua, avec succès, la construction de ses machines à vapeur, jusqu'à sa mort qui arriva en 1819. Depuis, son établissement, qui fut incendié peu de jours auparavant, a été reconstruit par son gendre, M. Rush, qui s'occupe avec activité et intelligence à lui conserver la réputation qu'Oliver Évans lui avait si justement acquise.

Oliver Évans était né mécanicien; il écrivait pour l'ouvrier qui a besoin que l'on aide son intelligence, et il sut se mettre à sa portée. En tâchant de rendre ses idées en français, j'ai cherché surtout à conserver la simplicité de son style; trop heureux si j'ai réussi à rendre la traduction aussi intelligible que l'original, qui, quoique moins étendu, et par conséquent moins parfait qu'on pourrait le désirer, est un véritable guide pour l'artiste, sans cesser pour cela d'être digne d'occuper l'attention des savans à qui il fournira beaucoup de matière à réflexions.

Cet ouvrage est épuisé depuis long-temps; le hasard a voulu que M. Montgery, capitaine de frégate, qui a récemment fait un voyage aux États-Unis, y en ait trouvé un exemplaire qu'il a bien voulu me prêter pour servir à la traduction.

Depuis long-temps l'on redoute les machines à haute pression, parce qu'on les croit dangereuses. J'ose espérer que cet opuscule aura l'effet de diminuer cette malheureuse prévention, et que l'expérience finira sous peu par la déraciner entièrement; d'autant plus que j'ai la conviction que la machine à haute pression est de beaucoup préférable aux autres sous tous les rapports. Je pense que le jour viendra, et peut-être n'est-il pas déjà fort éloigné, où ces sortes de machines remplaceront les machines à simple pression aussi complètement que l'artillerie moderne a remplacé la baliste et la catapulte.

J'ai cru devoir ajouter à la traduction de l'ouvrage d'Évans, une description succincte des perfectionnemens et des simplifications qu'il a introduits dans le *mécanisme* de sa machine, depuis la publication de son ouvrage, perfectionnemens qui l'ont réduite, sinon au plus grand degré de simplicité dont elle est susceptible, au moins à un degré bien au delà de toutes celles qui l'ont précédée.

La machine à vapeur est devenue d'une telle importance, et est appelée à jouer un si grand rôle dans les arts industriels, que rien de ce qui la concerne ne saurait être regardé avec indifférence par une nation éclairée, où l'industrie fait chaque jour des progrès si étonnans. C'est pourquoi j'ose espérer que les notes que j'ai pu ajouter à ce traité, tout imparfaites qu'elles sont, seront accueillies avec indulgence.

Malgré les expériences précieuses de Dalton et d'autres physiciens distingués, nous sommes encore bien loin de posséder toutes les données nécessaires à la dilatation de la vapeur aqueuse, et de pouvoir apprécier tout le parti qu'on en pourrait tirer comme force motrice. C'est une question devenue aujourd'hui d'une si haute importance, sous le point de vue de l'industrie, et, par conséquent, de la prospérité nationale, qu'il serait peut-être à désirer que quelque gouvernement, ayant à sa disposition des fonds destinés à l'encouragement de l'industrie, affectât à cet objet une somme suffisante pour payer les frais d'une suite d'expériences exactes, destinées à découvrir cette loi dans toutes ses ramifications.

Ces expériences, faites avec soin et rendues publiques par la voie de l'impression, seraient un véritable service rendu à tous ceux qui construisent ou qui emploient les machines à vapeur, et dont le nombre augmente chaque jour. Ce serait une entreprise digne de la Société d'encouragement pour l'industrie nationale, puisque les statuts de cette société autorisent en certains cas l'emploi de ses fonds en anticipation des résultats.

On m'objectera peut-être que des particuliers feront ces expériences aussitôt qu'ils trouveront de leur intérêt de s'en occuper, et qu'ainsi il est inutile que le gouvernement, ou un corps savant, prenne l'initiative; à cela je réponds : 1°. que ceux qui sont capables de pareilles recherches, et qui en sentent la nécessité, n'ont souvent pas les moyens pécuniaires qu'elles exigeraient; 2°. que la société n'a pas le droit d'exiger qu'un de ses membres consacre sa fortune et ses veilles à des recherches dont tous doi-

vent profiter, sans toutefois lui donner
une compensation équivalente soit à ses
sacrifices, soit aux avantages que la com-
munauté peut retirer de ses découvertes.
Il n'a guère d'autre moyen d'assurer cette
compensation que par un brevet d'invention; et ce moyen, s'il n'était pas il-
lusoire, ferait manquer le but proposé,
la connaissance générale de faits qu'il est
si important de répandre; 3°. enfin, des
expériences faites par une commission
d'hommes connus par leurs lumières, et
publiées sous la sanction de la Société
d'encouragement, qui a déjà acquis tant
de titres à la reconnaissance nationale,
inspireraient plus de confiance que si
elles étaient faites par un individu, quelque respectables que puissent être son
nom et ses travaux.

Je jette cette idée en avant dans l'espoir
d'en provoquer l'examen, et je ne tiens à
l'exécution du projet qu'autant que des
personnes plus éclairées que moi la ju-
geront utile et praticable.

# NOTICE HISTORIQUE

## SUR

# OLIVER ÉVANS,

Lue à la Société d'Encouragement pour l'industrie nationale, dans la séance du 31 mai 1820, par I. Doolittle, membre de la Société.

---

Oliver Évans, de Philadelphie, naquit en 1755. Il donna de bonne heure des preuves d'une intelligence supérieure. Sans fortune, privé de l'avantage d'une éducation soignée, sans moyens de s'instruire de ce qui avait été fait avant lui, et malgré l'opposition constante qu'il éprouva, tant à cause des préjugés populaires, que parce que ses idées étaient au-dessus de son siècle, la force de son génie le porta à vaincre tous les obstacles et à faire faire aux arts mécaniques plusieurs pas qui, dans les circonstances où il se trouvait, doivent paraître vraiment gigantesques, et qui auraient suffi pour rehausser la renommée d'un homme déjà distingué dans les arts, et jouissant de tous les avantages dont Évans était privé.

Aux États-Unis, le besoin des machines qui économisent la main - d'œuvre se fait sentir plus que partout ailleurs ; or, le plus souvent, nos perfectionnemens naissent de nos besoins.

En 1777, pendant la guerre de la révolution, on manquait de cardes à coton et à laine, qui jusqu'alors avaient été importées d'Angleterre. Évans, qui sortait de son apprentissage du métier de charron, tourna son attention vers cet objet : il imagina et exécuta deux machines, l'une pour former des dents de cardes, et l'autre pour en percer les cuirs : la première faisait 3,000 dents par minute, et la seconde perçait les cuirs de 200 paires de cardes en douze heures de travail.

En 1782, il commença à s'occuper du perfectionnement des moulins à farine ; cette opération lui coûta plusieurs années de travail, mais il parvint à faire faire à son moulin toutes les fonctions du meunier le plus expérimenté, depuis l'entrée du blé dans le moulin, jusqu'au confectionnement de la farine, qui se trouvait toute préparée à être mise en baril. Les avantages de ce système sont : 1°. une augmentation de 4 à 5 pour cent dans le produit ; 2°. une meilleure qualité de farine ; et 3°. une économie au moins des deux tiers sur la main-d'œuvre : un moulin qui fait 70 barils ou 13,720 livres de farine par 24 heures de travail, n'exigeant pour le soigner constammment nuit et jour, que trois hommes qui se relaient.

Évans avait pensé que les propriétaires de moulins et les meuniers, en voyant les avantages résultant de ses perfectionnemens, s'empresseraient de les adopter; mais en cela il s'était trompé : il eut à lutter long-temps contre l'ignorance, les préjugés et la routine, trois ennemis difficiles à vaincre; et ce ne fut qu'à force de sollicitations et de prières qu'il parvint enfin à persuader à quelques - uns d'entre eux d'accepter ce bienfait. Par la suite il obtint un brevet d'invention; et lorsque l'importance de ses découvertes commença à se faire généralement sentir, beaucoup de personnes imitèrent ses procédés sans son consentement, et quelques-unes même voulurent lui ravir jusqu'à l'honneur de l'invention; mais il trouva dans les institutions de son pays, et dans le droit de jugement par jury, tant au civil qu'au criminel, le moyen de faire payer aux uns la modique rétribution qu'il exigeait, et de çonfondre les prétentions des autres. Ses moulins sont maintenant en usage dans toute l'étendue des États-Unis.

En 1795, Oliver Évans publia son ouvrage intitulé : « The young Milwhright's and Miller's guide, » *Guide ou Manuel des constructeurs de moulins et des meuniers*, 1 vol. in-8°. de 364 pag., avec 26 planches. ( Une troisième édition fut publiée à Philadelphie en 1818. ) Cet ouvrage mérite d'être

classé parmi les meilleurs livres élémentaires de
mécanique, tant à cause des excellentes théories
qu'il renferme, que parce que son auteur a su se
mettre à la portée de tout le monde par sa manière
de s'énoncer à la fois claire et simple.

Ces travaux d'une utilité si réelle, bien que suf-
fisans pour la renommée de beaucoup d'hommes,
ne peuvent cependant pas être comparés aux importans perfectionnemens qu'Évans a apportés dans
le système et dans le confectionnement des machines
à vapeur. Pendant sa jeunesse il s'était beaucoup
occupé de la recherche d'un agent capable de faire
mouvoir avantageusement des voitures et des bateaux. « Tous les moyens, dit-il, qui, ainsi que je
» l'ai su depuis, ont été essayés, tels que le vent,
» les pédales avec crémaillères, les roues à rochet
» ou à manivelle, etc., pour être mis en mouve-
» ment par des hommes, se sont présentés à mon
» esprit, mais je les ai écartés comme trop futiles
» pour mériter un essai.

» Enfin, le soir du jour de Noël 1772 (il avait
» alors environ 18 ans), et pendant mon appren-
» tissage, un de mes frères me dit avoir passé la
» journée avec les apprentis d'un serrurier du voi-
» sinage, qui s'étaient amusés à faire ce qu'ils
» appelaient des pétards de Noël, qui consistaient
» à boucher la lumière d'un canon de fusil, à y
» introduire une petite quantité d'eau, à mettre de
» la bourre par-dessus et à placer la culasse du

» canon au feu de la forge; que peu de temps après
» le canon s'était déchargé avec un bruit semblable
» à celui d'un coup de fusil chargé à poudre.......
» Voilà, me suis-je écrié, ajoute-t-il, la force
» motrice que je cherche depuis si long-temps;
» maintenant il ne s'agit plus que de trouver le
» moyen de l'appliquer. » Cette conséquence, déduite d'un effet connu de tout le monde, et dont
personne jusqu'alors n'avait songé à tirer parti,
suffit seul pour prouver qu'Oliver Évans n'était
point un homme ordinaire (1).

Pendant qu'il s'occupait des divers moyens d'application qui se présentaient à son esprit, sans en
trouver un seul qui lui parût praticable, le hasard
fit tomber entre ses mains un livre contenant la
description d'une machine à vapeur dite *atmosphérique*; il s'étonnait que l'on se fût imaginé de ne
se servir de la vapeur uniquement que pour former
le vide, et qu'on eût employé la pression de l'atmosphère comme moteur; il lui paraissait que la
vapeur de l'eau était susceptible d'acquérir un très
grand degré d'élasticité, et que dès lors il serait
plus simple et en même temps plus avantageux
d'employer sa force expansive directement comme

_______________

(1) On prétend que c'est la chute d'une pomme qui
donna à Newton la première idée de la gravitation
universelle.

motrice. Il ne perdait pas cette idée de vue, et bientôt après il se déclara en état de construire des voitures et des bateaux qui pourraient être mus par la force de la vapeur.

En 1786, Évans adressa à la législature de Pensylvanie une pétition par laquelle il demandait un privilége exclusif, dans l'étendue de cet État, pour des perfectionnemens dans les moulins, et pour des chariots à vapeur; la commission à laquelle cette pétition fut envoyée, fit un rapport favorable sur sa demande relativement aux moulins; et une loi du mois de mars 1787 lui assura le privilége qu'il avait sollicité. Cette loi cependant ne fit aucune mention des chariots à vapeur, parce que les membres de la commission, ne pouvant comprendre les projets de l'inventeur, regardèrent son idée à ce sujet comme un trait de folie.

Mais une autre loi rendue par la législature de l'État de Maryland, le 21 mai 1797, lui accorda le privilége demandé pour les deux objets : ce privilége, disait le rapporteur de la commission, ne saurait nuire à personne, puisqu'il est probable que personne n'a encore songé à faire marcher des voitures par la force de la vapeur ; mais comme il était possible que cette idée produisît quelque chose d'utile, on ne crut pas devoir décourager l'auteur par un refus solennel.

Cependant de nouvelles difficultés se présentèrent : Oliver Évans ne possédait point de fortune; et parmi les capitalistes auxquels il demanda des fonds pour mettre ses plans à exécution, en leur offrant des intérêts dans les bénéfices, les uns, qui paraissaient comprendre son système, craignaient de s'engager dans une spéculation qui pouvait ne pas réussir ; les autres, qui ne le comprenaient pas, n'hésitaient point à déclarer que l'auteur n'était qu'un homme à projets, une tête creuse, etc...

Vers 1795, il envoya en Angleterre des dessins et des descriptions de ses procédés, en priant la personne chargée de les y porter, de lui trouver quelqu'un qui voulût bien prendre un brevet, et partager avec lui les bénéfices qui pourraient en résulter : son agent lui écrivit de Londres qu'on n'y croyait pas à l'utilité de son système.

Enfin, en 1800, ayant amassé une petite somme, il se détermina à commencer, à ses frais, la construction d'une machine à vapeur ; mais auparavant il communiqua ses plans à plusieurs hommes instruits : il n'en trouva que deux, dont l'un était un ingénieur mécanicien anglais, qui l'encouragèrent à en faire l'essai, en disant que le principe leur paraissait nouveau ; tous les autres traitèrent ses plans de chimériques. Un ingénieur, entre autres, qui jouissait d'une certaine célébrité, entreprit, dans un rapport qu'il fit à la Société Philosophique de Philadelphie, de démontrer l'absurdité du système d'Oliver Evans ; mais la Société, considérant qu'il n'entrait pas dans ses attributions de fixer des bornes au possible, décida que cette partie du rapport serait biffée. La suite prouva évidemment la sagesse de cette détermination.

Malgré les oppositions et les humiliations auxquelles il était en butte, Oliver Évans n'en persistait pas moins à croire qu'il avait raison ; son système lui semblait être fondé sur les lois immuables de la nature, et cette conviction le fit triompher de tous les obstacles. Vers la fin de 1800, ou au commencement de 1801, Évans, qui avait dépensé jusqu'à son dernier dollar en diverses expériences, termina enfin sa petite machine, et il eut le bonheur de la voir remplir entièrement son attente. On ne le regarda plus dès lors comme un songe-creux.

Peu de temps après, Trevethick et autres mécaniciens en Angleterre, commencèrent à s'occuper de machines à forte pression ; mais, soit qu'ils n'eussent pas assez étudié les vrais principes de l'expansibilité de la vapeur, ou qu'ils n'eussent pas donné assez de soins au confectionnement de leurs machines, plusieurs accidens graves ont jeté une grande défaveur sur ce système ; on évitera ces malheurs lorsqu'on suivra, dans la construction de ces sortes de machines, la route que Oliver Évans a tracée.

En 1805, Évans publia son *Steam engineer's guide* (manuel de l'ingénieur des machines à vapeur), livre précieux pour l'avancement de la science,

et qui prouve combien l'auteur était profondément
pénétré de son sujet.

Oliver Évans a vécu assez long-temps pour voir
se dissiper en grande partie les préjugés qui s'étaient
d'abord élevés contre son système. Il a construit et
mis en action un grand nombre de ses machines,
sans que le moindre accident soit jamais arrivé à
aucune d'elles, quoiqu'il travaillât habituellement
avec la vapeur, dont la force expansive était de 120
à 150 livres par pouce carré, en sus de la pression
de l'atmosphère. De sorte que, loin d'avoir entendu
des plaintes, comme ses détracteurs le lui avaient
prédit, tous ceux qui ont profité de ses travaux lui
ont rendu cet honorable témoignage, qu'il avait
parfaitement accompli ses promesses, en donnant
des machines qui, à force égale, étaient plus simples, moins coûteuses, plus légères, occupant moins
d'espace, consommant moins de combustible, et
exigéant moins d'eau que toutes celles qui étaient
connues jusqu'alors.

On serait disposé à croire qu'Oliver Évans ayant
toujours bien rempli ses engagemens, quelque ex-
traordinaires qu'ils parussent d'abord, devait in-
spirer assez de confiance pour qu'il n'ait jamais
manqué des fonds nécessaires aux entreprises qu'il
pouvait proposer, surtout dans un pays généralement avide de perfectionnemens, où l'on admet souvent avec trop de légèreté des innovations qui deviennent funestes aux bailleurs de fonds. Cependant

il en fut autrement; et durant un grand nombre d'années il chercha inutilement des personnes qui voulussent entreprendre avec lui l'établissement de voitures de roulage, et de diligences, qui devaient être mues au moyen de la vapeur; quoiqu'il soit probable que, prenant l'état actuel des machines à vapeur pour point de départ, il y a beaucoup moins de chemin à faire pour arriver à des diligences rapides et commodes mues par la vapeur, qu'il n'y en avait en 1773 pour arriver au point où nous en sommes. La preuve que ce projet n'est pas entièrement chimérique se trouve dans l'application de la machine à vapeur au transport des fardeaux, application faite par les Anglais plusieurs années après qu'Oliver Évans eut publié ses idées à ce sujet; le jour n'est peut-être pas éloigné où ses idées recevront leur entier développement dans la pratique.

Tels sont les résultats principaux qu'a obtenus Oliver Évans, et ceux auxquels il tenait le plus, quoiqu'il eût imaginé et décrit plus de quatre-vingts procédés nouveaux, ou connus, mais perfectionnés par lui, qui tous tendent à reculer les bornes de nos connaissances en mécanique. Nul doute qu'Évans aurait rendu encore de très grands services à l'industrie et au commerce, s'il eût possédé de la fortune, ou s'il eût été secondé par des personnes capables d'apprécier son mérite.

Dans un rapport fait au congrès des États-Unis,

en 1814, sur les progrès des arts utiles, Évans fut mentionné avec éloge comme l'un des bienfaiteurs de son pays; et le congrès lui donna un témoignage éclatant de la reconnaissance nationale, en décrétant, le 7 février 1815, que le terme de son brevet d'invention pour ses machines à vapeur serait prorogé jusqu'en 1825.

Déjà ses jours devenaient plus calmes, et il pouvait raisonnablement espérer de jouir, pendant quelques années de vieillesse, des fruits d'une vie laborieuse et pleine de contrariétés..... Il avait formé de grands ateliers à Philadelphie pour le confectionnement des machines à vapeur et de diverses parties de ses moulins; d'autres ateliers semblables, situés à Pittsburgh, dans l'état de Pensylvanie, étaient dirigés par son fils, et la fortune semblait enfin lui sourire. Mais, hélas! son bonheur fut de courte durée; car le 11 mars 1819 son bel établissement de Philadelphie fut incendié, et des modèles précieux, fruit de longues années de travail et d'une valeur d'environ 100,000 fr., devinrent la proie des flammes. Oliver Évans, dont la santé était délabrée par de longues fatigues, ne put survivre à une telle catastrophe : il se trouvait à New-York lorsque la nouvelle de son malheur lui parvint; et quatre jours plus tard, c'est-à-dire le 15 mars 1819, il cessa de vivre.

Peu d'hommes ont été aussi utiles à la société qu'Oliver Évans; très peu ont mis une pareille persévérance à rendre service à leurs semblables, pour ainsi dire malgré eux. Ses contemporains ne savaient pas l'apprécier à sa juste valeur ; mais l'équitable postérité placera son nom parmi ceux des hommes le plus justement distingués par les services émimens rendus à la patrie et à l'humanité.

# PRÉFACE

# DE L'AUTEUR.

————

Cᴏᴍᴍᴇ le titre (1) de cet ouvrage est dû à une circonstance particulière, il sera peut-être agréable au lecteur d'en connaître l'historique.

En décembre 1804, l'auteur adressa au congrès une pétition, afin de solliciter une prolongation de son brevet pour ses perfectionnemens des moulins à farine. Dans cette pétition, il exposait que le brevet expirerait avant qu'il pût recevoir une compensation proportionnée aux services rendus, ou même obtenir un dédommagement raisonnable pour le temps, le travail et l'argent qu'il avait perdus pour répandre l'usage de ces perfectionnemens. Il faisait observer : 1°. que les intentions patriotiques du congrès, en faisant la loi sur les brevets, seraient sans effet à son égard, à cause

————

(1) Le titre de l'ouvrage est « Abortion » ou *Avorte-ment du Manuel*, etc.  ( *Note du Traducteur* )

de sa courte durée et de l'immense étendue de
pays qu'il fallait traverser pour faire connaître
l'invention et pour recevoir les honoraires de
ceux qui l'adoptaient; 2°. qu'il avait dépensé
tous les profits de son moulin pour les employer
à perfectionner sa machine à vapeur, qui était
alors en activité; 3°. qu'il avait trois autres
inventions, qui lui paraissaient très importantes,
prêtes à être soumises à l'expérience, mais qu'il
en coûterait beaucoup pour les mettre en pratique; 4°. qu'il avait commencé un traité dans
lequel il tâchait d'expliquer les principes de
ses perfectionnemens de la machine à vapeur,
et que s'il donnait à cet ouvrage le développement nécessaire pour le rendre utile, il lui en
coûterait au moins 3000 dollars pour le pu-
blier; 5°. que pour étendre l'usage de ses perfectionnemens dans les moulins à farine, il
fallait dépenser 3000 dollars; et 6°. enfin, que
pour mettre en pratique ses trois autres inventions, il lui en coûterait 3000 dollars, faisant
un total de 9000 dollars. Il ajoutait que la prolongation de son brevet, pendant sept autres
années, le mettrait à même de poursuivre le
recouvrement des sommes qui lui étaient dues,
et lui produirait 10,000 dollars, qu'il s'enga-
geait à dépenser de la manière indiquée plus

haut. Cette pétition fut envoyée au comité de
commerce et manufactures, auquel l'auteur
donna des explications très étendues sur les
divers objets qui l'occupaient. Le comité fit un
rapport favorable, et obtint la permission de
présenter un *bill*. Ce *bill* portait en substance
que tout breveté qui vivrait encore à l'expira-
tion du terme de son brevet ( qui est de quatorze années ), aurait la faculté de le faire pro-
longer de sept années, en remplissant les mêmes
formalités que pour l'obtention du brevet original; ce *bill* fut favorablement accueilli par la
chambre. L'auteur se flattait de l'espoir qu'il
verrait bientôt ceux de ses concitoyens qui,
comme lui, s'occupent à faire d'utiles découvertes ou des perfectionnemens, délivrés de
l'oppression, de l'injustice et des privations sous
lesquelles ils gémissent, et placés sur un pied
d'égalité avec leurs semblables. Pendant qu'il
se berçait de ces espérances, il publia le *pro-*
*spectus* d'un ouvrage portant pour titre : Manuel
du jeune Ingénieur-Mécanicien Constructeur de
Machines à vapeur ( *The young Steam Engi-*
*neer's Guide* ), afin d'obtenir des souscripteurs
en attendant que le *bill* devînt une loi. Mais à
la troisième lecture du *bill*, il s'éleva une forte
opposition dans la chambre, fondée sur des pré-

tentions auxquelles on ne s'attendait pas, et l'on produisit des argumens qu'il n'est pas nécessaire de répéter ici. Ceux des membres qui étaient favorablement disposés ne se trouvant pas préparés à répondre aux objections élevées à l'improviste par leurs adversaires, le *bill* fut rejeté. Voyant ainsi échouer ses espérances d'un avenir plus flatteur, l'auteur fut contraint d'étouffer la forte propension qui le poussait vers de nouvelles inventions et de nouveaux perfectionnemens, quoiqu'il eût la conviction que les améliorations que lui seul pouvait apporter aux moyens d'exécution pratiqués avant lui, vaudraient bientôt à la patrie le travail effectif de cent mille bras.

Les inventeurs ingénieux de perfectionnemens utiles ont encore à lutter, non-seulement contre les sarcasmes et l'opposition de ceux qui, se croyant des sages, prennent plaisir à condamner tous les projets, mais aussi contre des pertes inévitables, et quelquefois la ruine entière, même quand ils réussissent. Les *neuf dixièmes* des priviléges exclusifs que l'on accorde seront toujours onéreux aux inventeurs dans les États-Unis pendant les premières quatorze années, surtout s'ils demandent leurs brevets avant que leurs inventions ne soient en pleine activité;

d'un autre côté, s'ils diffèrent jusqu'à cette époque la demande d'un brevet, quelque plagiaire pourra tenter de surprendre le gouvernement et obtenir un brevet pour les principes de l'invention, avant l'inventeur lui-même, et forcer ainsi ce dernier à supporter les frais d'un procès avant de pouvoir établir ses droits exclusifs à cette propriété.

Il s'est écoulé dix-sept années depuis la découverte faite par l'auteur du moyen d'appliquer le principe développé dans le présent ouvrage, jusqu'au moment où il commença à le mettre à exécution ( ce qui n'eut lieu qu'en 1801 ), sans que dans cet intervalle il ait jamais pu trouver un seul individu qui voulût convenir que le principe valait la peine d'être soumis à l'épreuve de l'expérience. Tous ont condamné le projet, à l'exception toutefois de deux hommes auxquels il a soigneusement expliqué ses idées à ce sujet, après qu'il eut commencé à les mettre à exécution. Un troisième, qui a acquis la réputation d'un ingénieur célèbre, et auquel l'auteur avait également expliqué son procédé, a continué à en condamner les principes long-temps même après qu'ils furent en pleine activité. Aujourd'hui, quelques personnes prétendent que les principes leur étaient connus ainsi

qu'à d'autres; qu'on pouvait facilement les
déduire des expériences du docteur Black, etc.
A peine veulent-ils reconnaître que l'inventeur
mérite tant soit peu d'estime pour son invention. Mais il se flatte que le lecteur impartial
trouvera dans ce petit ouvrage, l'application
du plus grand perfectionnement qui ait encore
été fait à la machine à vapeur par un seul
homme. Car, quoique les physiciens connus-
sent l'existence des principes sur lesquels ce
perfectionnement est basé, cependant ils n'en
connaissaient pas l'application. Plusieurs années
se sont même écoulées depuis que l'auteur a eu
un brevet de la législature de Maryland, en
date du 21 mai 1787, avant que personne, phy-
sicien ou autre, ait communiqué une pareille
idée. En 1794-95 il envoya en Angleterre un
mémoire et des dessins pour être montrés aux
ingénieurs, en les invitant à en mettre le principe en pratique et à prendre un brevet pour
compte commun, en leur nom et en celui de
l'auteur; mais ils s'y sont refusés, parce qu'ils
ne purent comprendre le projet, et le regardèrent comme chimérique. M. Joseph Stacy
Sampson de Boston, qui porta les pièces en
Angleterre, y est mort; mais ces pièces peuvent avoir été conservées.

La navigation du Mississipi par des machines à vapeur, construites d'après les principes développés dans cet ouvrage, a été pendant un grand nombre d'années l'objet favori de l'auteur, et celui qu'il avait plus à cœur de voir s'accomplir. Il s'est constamment efforcé de porter dans l'esprit de ses compatriotes la conviction dont il était lui-même pénétré, que ces mêmes principes mettaient à sa disposition une force suffisante. Quelques personnes entreprenantes, autorisées à se servir de la machine brevetée, s'occupent maintenant à mettre ce projet à exécution. C'est sans contredit l'une des plus belles entreprises, en fait de mécanique, qui aient jamais été tentées, et elles rencontreront sans doute beaucoup d'obstacles imprévus. Mais, si elles réussissent, elles pourront, à juste titre, à raison des immenses avantages que leur entreprise aura procurés au pays, prétendre au privilége exclusif de naviguer sur cette rivière par le moyen de la machine à vapeur.

Les mesures données dans ce volume sont des mesures anglaises dont :

Le pied linéaire $= 3o4,8$ millimètres $= 11$ pouces 3 lignes français.

Le pouce linéaire $= 25,4$ millimètres $= 11$ lignes $\frac{1}{4}$.

Le pied carré $= 9,3$ décimètres carrés.

Le pouce carré $= 6,45$ centimètres carrés.

Le pied cube $= 28,315$ centimètres cubes.

Le pouce cube $= 16,383$ millimètres cubes.

Le boisseau contient 35 litres $\frac{1}{4}$ environ.

100 livres anglaises $= 44,54$ kilogr. $= 91$ livres françaises.

La température est donnée suivant l'échelle de Farhenheit, dont le zéro est placé à 32° au-dessous de la glace fondante, et où 212° marquent la température de l'eau bouillante; il y a donc 180° entre ces deux termes; dans le thermomètre de Réaumur cette même distance est divisée en 80° et le zéro est placé à la glace fondante; or, 180 : 80 :: 9 : 4; d'où il suit que pour trouver le nombre de degrés de ce dernier thermomètre qui correspond à un nombre $n$ de degrés que marque le premier, il faut employer la formule suivante :

$$x = \frac{(n-32) \times 4}{9} = \frac{4}{9}(n-32)$$

en appelant $x$ le nombre cherché.

Si l'on voulait réduire le nombre $n$ en degrés du thermomètre centigrade, il faudrait dire

$$x = \frac{(n-32) \times 5}{9} = \frac{5}{9}(n-32)$$

puisque 180 : 100 :: 9 : 5.

# MANUEL

## DE

## L'INGÉNIEUR MÉCANICIEN

### CONSTRUCTEUR

## DE MACHINES A VAPEUR.

## ARTICLE PREMIER.

### De la vapeur.

DE tous les principes naturels que l'homme a su employer comme agens féconds pour l'aider à satisfaire ses besoins, la vapeur produite par l'ébullition de l'eau obtiendra probablement avant peu le premier rang, comme le plus puissant et le plus commode, pour faire mouvoir toutes sortes de moulins, de pompes, et autres mécaniques quelconques, grandes ou petites.

Les chutes d'eau n'existent pas partout, et sont d'ailleurs sujettes à être arrêtées, obstruées par la glace, ou anéanties par la sécheresse; sans compter les autres accidens auxquels elles sont exposées. Le vent est inconstant et irrégulier; la force des animaux est dispendieuse, lente dans ses opérations, et exposée à une foule d'autres inconvéniens qui en sont inséparables. Nous ne pouvons donc compter avec certitude sur aucun de ces agens; tandis que la vapeur se présente à nous comme un serviteur fidèle, prêt à nous obéir en tous lieux et en toute saison. Sa puissance est sans bornes; aucune tâche n'est au-dessus de ses forces; rapide comme l'éclair, elle a toute la docilité de l'éléphant que l'on mène par un fil de soie, et elle est prête, à notre commandement, à briser les corps les plus solides et les plus forts.

Dans les recherches qu'on a faites des moyens d'appliquer cette force à nos besoins, l'on s'est détourné du sentier de la nature. On sait depuis long-temps que la vapeur renfermée dans un vase dont elle ne pourrait pas s'échapper, briserait ce vase, si l'on y appliquait une quantité suffisante de chaleur; et que, d'un autre côté, aucun degré de chaleur ne mettrait le vase en danger d'être brisé, si on y laissait une libre issue à la vapeur. Y eut-il jamais un principe moins compliqué dans tous les ouvrages de la nature? Existe-t-il un fait dont on puisse déduire la conséquence d'une manière plus simple, et à la fois plus facile, que celui qui nous permet d'en tirer cette conclusion : que nous pouvons obtenir une force quelconque de la vapeur, en la renfermant et en augmentant sa force élastique par un plus haut degré de chaleur, et que, pour effectuer cet objet, nous n'avons qu'à faire nos chaudières d'une force proportionnée à la puissance que nous voulons obtenir? Cependant des physiciens se sont immortalisés en s'éloignant de cette marche simple, et en conduisant

leurs semblables, pendant plus d'un siècle, dans les labyrinthes ténébreux de
l'erreur; ils ont découvert qu'on pouvait
se servir de la vapeur comme moyen de
chasser l'air d'une capacité; que cette
vapeur était susceptible de se condenser
instantanément par un jet d'eau froide;
qu'un vide se formait ainsi dans le vase,
et que l'air, s'introduisant dans ce vide
sous la pression de l'atmosphère, produisait une force suffisante pour faire
travailler une machine. C'était certainement une grande découverte, et qui sera
à jamais utile. Elle a été perfectionnée à
diverses époques, et est enfin parvenue,
après une multitude d'expériences et de
longs tâtonnemens, à produire les plus
belles et les plus puissantes machines
dont la société soit encore redevable au
génie de l'homme.

Nous devons donc à la physique une
grande partie des plus utiles découvertes
dont nous faisons usage; mais ce seul
exemple devait suffire pour nous ap-

prendre que, quelque instruits que nous nous croyions, nous devons consulter et écouter, avec la plus grande attention, le mécanicien même le plus illettré, mais qui aurait pris la nature pour son guide. Il nous aurait appris qu'il était bien plus simple de nous servir de la force élastique de la vapeur comme moteur. Mais nous avons fermé l'oreille à ses représentations, et nous continuons à raisonner pour prouver l'impossibilité de l'application de ce principe simple, même après qu'il a été appliqué, avec un parfait succès, à des machines qui travaillent journellement sous nos yeux.

## ARTICLE II.

Comparaison de la puissance de l'ancien système et du nouveau.

Tant qu'on ne s'est servi de la vapeur que comme moyen de produire le vide,

3..

la force de la machine n'a jamais pu être portée au-delà de 12 à 15 livres par pouce carré de la superficie du piston. Le vide étant toujours imparfait, la pratique donne moins de force encore que la théorie ; et les chaudières étant construites de manière qu'elles ne pouvaient supporter qu'un très faible effort au-delà du poids de l'atmosphère (1), elles étaient exposées à faire explosion, si la soupape de sûreté venait à être un peu trop chargée. La charge ordinaire était de 3 livres par pouce carré, il arriva quelquefois que cette charge fut augmentée de quelques livres par accident ; et si la vapeur ne trouvait pas d'issue, la chaudière se crevait.

Mais en adoptant le nouveau système,

––––––––––

(1) On entend par *vapeur dont la force est égale au poids de l'atmosphère,* la vapeur produite par un liquide en ébullition à l'air libre sous la pression de l'atmosphère ; l'eau est réduite en vapeur, dans un vase ouvert, à la température de 212° Fahrenheit = 80° Réaumur ; l'alcohol l'est à 170° F = 59 ½ R.

celui d'employer la force expansive de la vapeur pour faire mouvoir le piston, on peut, sans aucun danger, décupler la force de la machine, c'est-à-dire qu'au lieu de 12 livres de force par pouce carré, on peut en obtenir 120, ou même davantage. En faisant les chaudières cylindriques (qui est la forme la plus résistante), et capables de supporter une force depuis dix jusqu'à quarante fois plus grande que la charge que doit porter habituellement la soupape de sûreté, ces machines sont incontestablement moins dangereuses que les anciennes.

## ARTICLE III.

De l'économie du combustible, et de l'augmentation de la puissance, par l'emploi du nouveau système.

La question de savoir quel est le rapport qui existe entre la quantité de combustible consumé, et l'augmentation de force produite, se présente naturellement à notre esprit. Beaucoup de personnes ont supposé qu'il fallait deux fois autant de combustible pour doubler la force expansive de la vapeur, et pour la maintenir au même degré pendant que la machine travaille; que, par conséquent, il n'y a rien à gagner de ce côté-là. Si ces personnes eussent interrogé la nature et observé attentivement les phénomènes que chacun est à même de reconnaître, elles en eussent tiré des conséquences bien différentes (1).

---

(1) Si l'on place près du feu une bouteille d'eau bien bouchée, en peu de temps le bouchon sautera ou la bouteille se brisera avec fracas. Si l'on met une petite quantité d'eau dans un canon de fusil, qu'on le bourre fortement, et qu'on place la culasse au feu, le fusil se déchargera avec autant de force et de bruit que s'il était chargé à poudre. Un chaudronnier ayant fait, pour un individu, un petit vase sphérique très fort, celui-ci retourna auprès de lui le lendemain avec un air égaré, en lui disant qu'il avait rempli ce vase d'eau et l'avait placé sur le feu; qu'après un certain temps son vase s'était crevé avec une explosion semblable à celle d'un canon; que lui-même avait manqué d'être tué, et qu'il

L'expérience nous prouve aujourd'hui que si quatre boisseaux de charbon pro-

se promettait bien de ne jamais renouveler ses expériences sur la force de la vapeur. On pourrait citer des exemples encore plus tragiques. Mais devrions-nous refuser de faire usage de la force dont nous avons besoin, par la raison que nous pouvons augmenter cette force au point qu'elle devienne dangereuse?

Après avoir observé les opérations de la nature dans la production de semblables effets; après en avoir conçu les principes et imaginé, en 1784, les moyens d'employer la vapeur avec une force égale à dix atmosphères, je m'adressai, en 1786, à la législature de Pensylvanie pour solliciter le privilége exclusif, pendant l'espace de vingt-un ans, de faire marcher des voitures par le moyen de la machine à vapeur; mais on crut que j'avais l'esprit aliéné, parce que je parlais d'une chose qu'on jugeait impossible, et ma demande fut rejetée. Je m'adressai ensuite à la législature de Maryland, qui m'accorda le privilége exclusif pour quatorze années, fondé sur ce que ce privilége ne pouvait nuire à personne, et pouvait peut-être conduire à quelque chose d'utile. Ce terme me paraissait trop court; cette concession a eu cependant l'effet de m'empêcher d'abandonner entièrement mes recherches sur la vapeur. Le temps prouvera que la conduite de la législature de Maryland était plus sage dans cette circonstance.

Il me semble impossible que les personnes qui connaissent les lois de la mécanique, et qui ont vu monter duisent une vapeur égale à 15 livres par pouce, ou à une atmosphère, 5 boisseaux

---

des pièces d'artifice en l'air, par la seule force de réaction, malgré tous les désavantages de l'application de cette force, et qui savent d'ailleurs que celle de la vapeur peut, à volonté, être rendue aussi grande que celle de la fusée volante, puissent douter un seul instant de la puissance de la vapeur pour effectuer tout ce que l'on voudra, même pour s'élever en l'air avec la machine. S'il en est ainsi, pourquoi ne pourrait-elle pas servir avec avantage à faire avancer les voitures et les bateaux? Depuis vingt-un ans je m'efforce de convaincre mes compatriotes qu'il existe dans la nature des principes qui peuvent devenir utiles dans tous les cas où l'on a besoin d'un agent puissant. Au commencement de 1795, j'ai envoyé en Angleterre des dessins et des descriptions pour être communiqués aux ingénieurs; mais c'était peine perdue. Je suis fâché d'être forcé d'ajouter que dix-sept années se sont écoulées depuis ma découverte, avant que j'aie pu croire qu'il fût de mon intérêt de dépenser une somme suffisante pour mettre mes idées à l'épreuve. En 1801 j'ai commencé l'expérience, et, après avoir dépensé 2,000 dollars, outre mon temps et mon travail, estimés à 1,000 autres dollars, j'ai réussi à faire une machine qui remplit parfaitement toutes les conditions que je m'étais promises. Étant l'auteur du plus grand perfectionnement qui ait encore été fait à la machine à vapeur par un seul homme, je m'attends à

suffisent pour produire sur la même
quantité d'eau, et pendant le même espace de temps, une vapeur de la force
de 3o livres par pouce, ou égale à deux
atmosphères (1). Et il est vrai, dans la
pratique, qu'une petite quantité additionnelle de combustible, consumé dans
le même temps, double la force expansive de la vapeur, et la maintient au
même degré, tandis que la machine
marche; deux fois la même quantité de
combustible brûlée dans le même temps,

---

être attaqué de toutes parts; il se trouvera, sans doute,
dans chacun des États-Unis, un ou plusieurs individus
qui s'en diront les inventeurs, comme cela eut lieu
pour mes moulins à farine, après que je les eus publiés.
J'avoue que l'attaque fut alors dirigée contre moi du
côté d'où je ne devais certainement pas l'attendre ; mais
la justice de mes compatriotes persiste à me donner
l'honneur (que ne puis-je ajouter *et les profits !* ) de
l'invention.

(1) 1089 livres de bois de chêne sec, produisent autant
de calorique par la combustion, que 600 livres de charbon de New-Castle.

(V. Repertory of Arts, série ij, vol. 3. )

produit environ seize fois autant de force et d'effet. Cette proportion ne nous surprendra pas quand nous saurons que les physiciens ont prouvé, par des expériences directes, que chaque fois que l'on ajoute 30° Fahrenheit ( $= 13° \frac{1}{3}$ Réaumur) à la température actuelle de l'eau, on double la force élastique de la vapeur qui s'en élève (1).

----

(1.) Voyez note *a* à la fin du volume.

# TABLE

*De la force élastique de la vapeur produite
par l'eau à différentes températures.*

| Degrés de chaleur au | | Tension de la vapeur en livres par pouce de surface. | Nombre d'atmosphères qu'égale la tension. |
|---|---|---|---|
| Thermomètre de Fahrenheit | Thermomètre de Réaumur. | | |
| 212 | 80 | 15 | 1 |
| + 30 | + 13 $\frac{1}{3}$ | | |
| 242 | 93 $\frac{1}{3}$ | 30 | 2 |
| + 30 | + 13 $\frac{1}{3}$ | | |
| 272 | 106 $\frac{2}{3}$ | 60 | 4 |
| + 30 | + 13 $\frac{1}{3}$ | | |
| 302 | 120 | 120 | 8 |
| + 30 | + 13 $\frac{1}{3}$ | | |
| 332 | 133 $\frac{1}{3}$ | 240 | 16 |
| + 30 | + 13 $\frac{1}{3}$ | | |
| 362 | 146 $\frac{2}{3}$ | 480 | 32 |
| + 30 | + 13 $\frac{1}{3}$ | | |
| 392 | 160 | 960 | 64 |
| + 30 | + 13 $\frac{1}{3}$ | | |
| 422 | 173 $\frac{1}{3}$ | 1920 | 128 |

D'après cette table il paraît que, partant du point de l'ébullition $= 212°$ de Fahrenheit, si nous portons cette température au double, ou à $424°$, nous obtiendrons une force élastique $128$ fois aussi considérable que celle de la vapeur sous la pression de l'atmosphère. Nous y voyons d'ailleurs qu'en augmentant la température suivant une progression arithmétique dont la raison est $30$, nous obtenons une force élastique qui croît suivant une progression géométrique dont la raison est $2$. Mais cette règle peut n'être vraie que pour des températures assez voisines de celle de l'eau bouillante. La raison de la progression géométrique peut être plus grande que $2$ au-dessous de $212°$, et plus petite au-dessus; étant moindre que $\frac{25}{1,000}$ pour chaque addition de $11° \frac{3}{4}$ de température, comme il résulte des expériences de Dalton (1). De sorte que, doublant

_______________

(1) Voyez *Repertory of Arts*, vol. 1, 2ᵉ série.

la température de l'eau, on peut n'augmenter la force expansive de la vapeur
que de 75 à 100 fois sa force sous l'atmosphère (1).

Supposons qu'il soit vrai, comme on
l'a cru jusqu'ici, que pour doubler la
force expansive de la vapeur, il faille aussi
doubler la quantité de combustible ;
alors, d'après la table qui précède, si
212° de chaleur donnent une force expansive égale à 15 livres par pouce carré,
et exigent une certaine quantité de com-

---

(1) Quoique des expériences aient été faites avec
beaucoup de soin pour déterminer la loi de l'accroissement de la force expansive de la vapeur par l'augmentation de la température, cependant je ne crois pas
qu'on ait jamais pensé à utiliser le principe; je n'ai pu
trouver aucun ouvrage dans lequel cette idée ait été
non-seulement examinée, mais pas même suggérée.

Les résultats obtenus par Dalton ne sauraient être
exacts, en continuant son échelle, puisque l'accroissement de la force expansive de la vapeur, par l'augmentation de chaleur, cesserait entièrement avant que la
force fût assez considérable pour produire les effets que
l'on voit souvent.

bustible pour les produire, 242°, ayant une force expansive de 3o livres, exige-raient deux fois cette même quantité de combustible, et ainsi de suite : par con-séquent 424 degrés de chaleur, double de 212, en exigeraient 128 fois autant, ce qui est tout-à-fait absurde. Il est infi-niment plus facile de concevoir que deux fois la même chaleur produiront une force égale à 128 fois la première. Quoique deux fois la quantité de com-bustible ne doublent pas à beaucoup près la température de l'eau, il n'est cepen-dant pas difficile d'imaginer qu'elles peu-vent la chauffer assez pour donner 16 fois autant de force expansive à la vapeur. Il faut aussi faire attention à la rapide di-minution de la quantité proportionnelle de chaleur qu'il faut ajouter à la tempé-rature actuelle de l'eau, pour augmenter la force de la vapeur.

## ÉCHELLE D'EXPÉRIENCE (1).

| Température de l'eau, therm. de Fahrenheit. | Force élastique de la vapeur évaluée en livres. | Quantité proportionnelle qu'il faut ajouter à la température actuelle de l'eau pour doubler la force de la vapeur. |
|---|---|---|
| 10 | 0,11.3 | 3, |
| 40 | 0,23 | 0,75 |
| 70 | 0,46 | 0,42 |
| 100 | 0,93 | 0,30 |
| 130 | 1,87 | 0,23 |
| 160 | 3,75 | 0,19 |
| 190 | 7,5 | 0,16 |
| 220 | 15, | 0,14 |
| 250 | 30, | 0,12 |
| 280 | 60, | 0,11 |
| 310 | 120, | 0,09 |
| 340 | 240, | 0,085 |
| 370 | 480, | 0,08 |
| 400 | 960, | |

Il paraît, d'après cette échelle, que
lorsque l'eau était à la température de

---

10 degrés, la force élastique de la vapeur n'était que de $\frac{11}{100}$ de livre par pouce, et qu'il fallait ajouter trois fois la chaleur actuelle pour doubler la tension de la vapeur; tandis que, lorsque la température était élevée à 220 degrés, et que sa force était de 15 livres, il ne fallait plus ajouter que $\frac{14}{100}$ de sa chaleur actuelle, ou 30 degrés pour porter la tension à 30 livres. Ici 30 degrés de chaleur augmentent la force de la vapeur de 15 livres, tandis qu'à la température de 10 degrés l'addition de 30 degrés ne l'augmente que de $\frac{12}{100}$ de livre. Lorsque l'eau est échauffée à 370 degrés, et que la force de la vapeur est de 480 livres par pouce, il ne faut que 30 degrés de plus, ou $\frac{8}{100}$ de la chaleur actuelle de l'eau, pour augmenter cette force de 480 autres livres. Le lecteur, dont la foi n'est pas ébranlée par cet exposé, est, sans doute, prêt à se demander par quelle inexplicable loi de la nature la quantité de force produite diffère tant de la quantité pro-

portionnelle de chaleur requise pour la produire? Car, par la dernière addition de 3o degrés, nous avons gagné 4363 fois autant de force que par la première addition de la même quantité.

Je réponds qu'il nous suffit de savoir que le fait est ainsi, pour nous mettre à même de profiter de ce principe en l'appliquant à notre usage. Il nous démontre clairement le grand avantage que nous pouvons retirer de la vapeur en l'employant à une haute température; car si deux fois la quantité de combustible nous procure, par ce moyen, seize fois le même volume et la même force de vapeur, la même quantité de combustible pourra nous donner une force huit fois plus grande; et je suis assez disposé à croire que l'application du principe peut se perfectionner à ce point. Mais nous ne devons pas être satisfaits jusqu'à ce que nous puissions expliquer le *pourquoi* des phénomènes qui nous occupent; ceci nous mène à traiter de la chaleur.

## ARTICLE IV.

### De la chaleur (1).

Je crois que *la chaleur* est un principe élémentaire, et qu'elle existe comme partie constituante de toutes les substances, quoiqu'en des proportions différentes. Les substances les plus combustibles en contiennent des quantités plus considérables que les autres, dans l'état que le docteur Black, célèbre professeur de chimie, appelle *latent*.

La combustion est l'opération par laquelle ce principe *latent* est excité et mis en action; tout ce qui est contenu (de ce principe) dans le corps brûlé, ainsi que la portion contenue dans l'air qui aide à la combustion, devient actif et susceptible d'être transmis d'un corps à un autre corps, et ainsi de suite jusqu'à ce qu'il

(1) Voyez note *b* à la fin de l'ouvrage.

trouve un lieu de repos dans lequel il peut redevenir *latent*. Ces principes sont au-dessus de notre intelligence, contentons-nous donc d'en observer les effets. Nous pouvons voir que la chaleur, dans l'opération de la combustion, paraît fondre la matière soumise à son action, et la dissoudre, pour ainsi dire, en un fluide invisible et impondérable. Ce fluide se dissipe dans l'air, où il redevient *latent*. La force expansive des fluides formés par la chaleur, est le sujet qui nous occupe; l'atmosphère est le réservoir général dans lequel toute chaleur active retourne à son état *latent* (1). Supposons que chaque colonne de l'atmosphère, ayant un pied carré de base, contienne une quantité égale de chaleur *latente*, d'eau en état de vapeur et de fluide élastique permanent; supposons de plus qu'une de ces

_______

(1) La chaleur latente peut remplir l'espace que les anciens physiciens soutenaient être rempli de ce qu'ils appelaient *éther*.

colonnes soit renfermée dans un cylindre, et comprimée dans la moitié de l'espace qu'elle occupe actuellement; d'après la loi de *Boyle*, son élasticité doit être doublée; elle serait décuplée, si elle était renfermée dans un dixième de l'espace; centuplée, si l'espace qu'elle occupe était réduit à une centième partie, et ainsi de suite. La vapeur aqueuse serait réduite en eau au fond du cylindre, la chaleur *latente* deviendrait active, passerait à travers le cylindre, et s'échapperait dans l'air pour y redevenir *latente;* dans cet état de choses, si l'on retirait subitement le piston, l'air contenu dans le cylindre, ayant perdu sa portion d'eau et de chaleur *latente*, ne pourrait reprendre son volume primitif jusqu'à ce qu'il eût réparé sa perte par un emprunt aux colonnes d'air qui l'environnent. L'expérience a prouvé l'exactitude de cette théorie (1). Ainsi il est donc démontré

---

(1) Voyez *Encyclopédie*, édition américaine.

que l'air comprimé, et la vapeur portée
à une grande force élastique, ne contiennent pas une aussi grande quantité
de chaleur *latente* en raison de cette force,
que dans un état moins dense, et conséquemment que la loi de Boyle est er-
ronée (1).

Si la chaleur est employée à fondre de
la glace à la température de 32 degrés de
Fahrenheit $= 0°$ de Réaumur, 147 de-

---

(1) On a fait des expériences pour trouver la loi que
suit la force élastique de l'air, en raison de sa densité,
en le comprimant dans un cylindre par le moyen d'un
piston. On a trouvé qu'une densité double ne produisait
pas une force élastique tout-à-fait double, ni une densité
quadruple une force tout-à-fait quadruple, etc. On a
été surpris de voir qu'une forte et subite compression
d'air échauffait le cylindre, et qu'une fiole qu'on avait
placée au fond du cylindre se remplissait d'eau. D'après
cette expérience nous pouvons conclure que l'air et la
vapeur ne contiennent pas de la chaleur latente en proportion de leur densité, mais plutôt en raison inverse ;
c'est-à-dire que plus leur densité est grande, moins ils
contiennent de chaleur latente sous un même volume ;
qu'un vide en contient plus qu'un plein, et que l'air
atmosphérique n'est pas un fluide élastique permanent

grés (Fahr.) de cette chaleur deviendront
latens, et sont nécessaires comme partie
constituante de l'eau, pour la maintenir
à l'état liquide. Ces 147 degrés de chaleur
seront absorbés par l'eau, de sorte qu'ils
ne produiront aucun effet sur nos ther-
momètres ; c'est-à-dire que si l'on mêle
ensemble des quantités égales, de glace
au moment où elle commence à se fondre, et d'eau à la température de 147 degrés, tout l'excédant de chaleur que
contient l'eau, sera absorbé par la glace
dans son passage de l'état solide à l'état
liquide; et quand toute la glace sera fon-
due, le mélange aura la température de
32 degrés de Fahrenheit, ou 0° de Réaumur, qui était celle de la glace fondante.
Si nous continuons à y ajouter de la
chaleur jusqu'à porter le mélange à l'é-
bullition (ou à 212 degrés Fahr. = 80°
Réaumur), il en résultera de la vapeur
élastique capable de vaincre le poids de
l'atmosphère et de le soulever. Dans cette
vapeur, sous la pression de l'atmosphère,

8oo à 1000 degrés de chaleur trouvent à se cacher en l'état de chaleur latente, et sont nécessaires, comme partie constituante de la vapeur, à son maintien dans cet état. Dans ce cas, comme dans celui de la glace fondante, le thermomètre ne marque aucune différence entre la température de l'eau bouillante et celle de la vapeur qui en est produite, comme l'a prouvé le docteur Black (1).

Si l'on enlève la pression de l'atmosphère de dessus l'eau, elle bout à 70 degrés; mais, dans ce cas, 13oo ou peut-être 2000 degrés de chaleur sont absorbés et deviennent latens dans cette faible vapeur qui s'élève sans résistance (2). Moins il y a de pression sur la surface de l'eau en ébullition, et plus il faut de chaleur pour la faire entrer tout entière en état

______________

(1) Voyez les leçons du docteur Black, vol 1.

(2) Voyez les expériences du célèbre James Watt sur la distillation dans le vide. ( *Leçons du docteur Black*, vol. 1. )

de vapeur; au contraire, plus il y a de
pression sur sa surface, et moins il faut
employer de combustible pour réduire
toute cette eau en vapeur; la chaleur ne
trouve pas de place parmi les particules
de vapeur fortement comprimées pour
devenir latente, mais au contraire elle
reste active pour en augmenter la puissance. Si nous augmentons la pression
sur la surface de l'eau, d'une à huit atmosphères, elle ne bout que lorsque la
chaleur est portée à 90 degrés au-delà du
point d'ébullition à l'air libre, c'est-à-dire
à 302 degrés de Fahrenheit $=$ 120° Réaumur, et la force expansive de la vapeur
sera alors de 120 livres par pouce. (Voyez
la table, article III.) A cette température
l'eau entrera en ébullition, et la vapeur
s'élèvera sous le poids de huit atmosphères,
parcourant des distances égales en temps
égaux; ce que nous pouvons comparer à
la charge d'une machine à vapeur. Ici il
paraît qu'après la cessation de la perte de
chaleur par sa transformation en chaleur

latente (puisque toute cette perte a lieu pendant que la température s'élève des premiers 212 degrés), nous pouvons, par l'addition de la petite quantité de combustible nécessaire pour communiquer à l'eau 90 degrés de chaleur, obtenir huit fois la force, produire huit fois l'effet, ou porter huit fois la charge à une égale distance. Mais nous démontrerons, lorsqu'il en sera temps, que la vapeur ayant acquis une force capable de soulever huit atmosphères, peut être appliquée de manière à produire, non-seulement huit fois, mais bien 22,6 de fois l'effet, et peut-être même 32 fois autant d'effet que la vapeur dont la force élastique est seulement égale à une atmosphère. (Voyez article VII, ci-après.)

Comme la chaleur paraît fondre ou dissoudre la matière mise en combustion, et la transporter, sous la forme d'un fluide très subtil, dans l'air, où elle devient latente, ainsi elle semble dissiper l'eau de la même manière, en la convertissant en une vapeur élastique, avec laquelle elle s'échappe pour devenir latente dans l'air. La quantité de chaleur qui s'échappe de cette manière, paraît avoir quelque rapport avec l'étendue de l'espace dans lequel la vapeur peut se répandre; peut-être ce rapport est-il en raison directe des espaces, c'est-à-dire qu'un espace double peut recevoir une quantité double de chaleur latente. Un pouce cube d'eau s'élevant librement en vapeur dans le vide, a emporté avec lui 1300 ou 2000 degrés de chaleur sous la forme de chaleur latente, tandis que la même quantité d'eau s'élevant sous la pression de l'atmosphère ( ce qui renferme la vapeur dans des limites plus étroites), n'a emporté que 1000 degrés de chaleur dans le même état. D'où nous pouvons conclure que la quantité de chaleur latente emportée par la vapeur, diminuera à mesure que la résistance au libre développement de la vapeur, est augmentée ; et qu'ainsi en poussant la force élastique de la vapeur de une à deux, etc., jusqu'à huit atmosphères, la quantité de chaleur latente enlevée par la vapeur, sous chacune de ces pressions, pourra être de 1000, 750, 500, 250, etc. degrés; ou que le décroissement suivra une autre loi qui ne nous est pas encore bien connue.

La glace fondante absorbe très lentement la chaleur nécessaire pour la convertir en eau; de même la chaleur *latente* contenue dans l'eau s'en sépare très lentement pour devenir sensible, lorsque l'eau se gèle. La chaleur sensible, contenue dans l'eau chaude, la quitte, au contraire, avec une rapidité extrême, lorsqu'on enlève la pression de la surface de cette eau, pour devenir latente dans la vapeur élastique, et elle abandonne la vapeur à son tour, avec la même facilité, pour rentrer dans l'eau, ou dans un autre corps dont la température est moins élevée que celle de la vapeur avec laquelle elle est en contact; ainsi la vapeur est condensée, et forme une quantité d'eau égale à celle dont elle fut d'abord formée. Pendant cette opération, la chaleur latente redevient sensible et réchauffe l'eau qui sert à opérer la condensation. Les expériences du docteur *Black* ont prouvé tout ce que je viens de dire, quoique ce savant professeur n'ait pas considéré cet objet sous le même point de vue. Lorsque nous examinons la force irrésistible de la vapeur, nous pouvons dire avec vérité que nous avons à nos ordres un agent physique, dont les opérations sont aussi rapides que l'éclair, et aussi puissantes que la foudre.

Des faits qui précèdent, nous pouvons tirer la conclusion suivante : que la quantité d'eau nécessaire pour effectuer la condensation d'une quantité quelconque de vapeur, élevée à un degré d'élasticité quelconque, doit être telle qu'elle puisse recevoir toute la chaleur latente contenue dans la vapeur soumise à l'expérience, et cela sans être elle même échauffée au-delà du point où elle est prête à entrer en ébullition sous la pression qu'elle éprouve; donc, plus l'eau de condensation est froide, moins il en faudra pour opérer la condensation. Si la condensation s'opère dans le vide, il faudra employer une bien plus grande quantité d'eau froide, puisque l'eau bout dans le vide à 70 degrés (Fahrenheit) (1).

---

(1) La connaissance de ces principes nous conduit naturellement à la découverte d'un grand nombre de perfectionnemens et d'inventions, également importans et curieux, et ceux-ci pourront conduire à d'autres à leur tour, savoir:

1°. Des machines à vapeur inépuisables. Les chaudières de ces machines une fois remplies d'eau n'auront pas besoin qu'on l'y renouvelle; il ne peut s'y former aucun sédiment qui fait brûler les chaudières dans les machines ordinaires; celles-ci doivent donc durer beaucoup plus long-temps.

2°. Des appareils distillatoires qui peuvent être faits continus, ou sans aucune interruption, et construits de manière à faire en même temps disparaître la vapeur aqueuse et les huiles essentielles qui donnent un mauvais goût aux liqueurs distillées.

3°. Des chaudières de distilleries et de brasseries qui

Il paraît donc presque impossible de former un vide parfait par la condensation

---

pourront être chauffées à un degré quelconque, en moins de temps et à moins de frais.

4°. Des chaudières inépuisables pour le chauffage des appartemens que l'on ne peut échauffer à feu découvert sans danger.

5°. Des fourneaux et des chaudières peuvent être construits de manière à jeter dans l'eau toute la chaleur qui, d'ordinaire, s'échappe et se perd par la cheminée, et à produire de la vapeur élastique, laquelle, par ce moyen, sera appliquée à aider la machine dans son travail, ce qui diminuera ainsi le poids de la machine d'environ neuf dixièmes, et la consommation de combustible d'environ les trois quarts, et produira, en même temps, autant de force que les meilleures machines anglaises. Une machine ainsi construite serait très avantageuse pour faire remonter le Mississipi aux bateaux, et pour conduire des voitures sur de bonnes routes.

Mais les frais de toutes les expériences nécessaires à l'exécution entière de ces idées seraient trop considérables. Aucun homme prudent ne hasarderait l'essai à moins d'avoir la perspective d'une récompense proportionnée à la grandeur et à l'utilité de l'entreprise.

Il existe un préjugé généralement répandu contre les hommes de génie, sans doute parce qu'ils paraissent condamnés à continuer leur vie dans des essais ruineux

de la vapeur par l'eau, dans la machine
à vapeur; tout ce qu'on attend des con-

---

et par conséquent dans la pauvreté. On ne réfléchit
pas que c'est presque toujours à l'injustice du gouvernement qu'ils sont redevables de cette triste destinée.

Et en effet, qui voudrait tenter péniblement d'acquérir quelque bien par le succès d'utiles entreprises,
avec la triste certitude de voir ces moyens d'existence
devenir la propriété du public, presque au moment
même de leur développement, ou après quatorze années
au plus, terme fixé aux États - Unis pour la durée du
brevet d'invention?

Quel homme prudent pourrait consacrer ses recherches, son temps, son travail et les plus belles années de
sa vie, à la poursuite d'un avantage qui ne lui serait pas
mieux assuré? Ce n'est donc pas parce que tel homme a
du génie qu'il est pauvre, mais parce que poursuivant
sans relâche l'accomplissement de sa conception, sans
être appuyé du moindre secours ni garanti par la moindre protection, il est forcé de négliger les soins de ses
intérêts pécuniaires; car le génie, au contraire, doit
nécessairement enrichir tous ceux qui, s'occupant du
bien public, ont pu joindre à l'exécution d'utiles projets
la poursuite des biens plus solides que la gloire.

Pourquoi jeter ainsi de la défaveur sur le génie
qui pousse les hommes et les sociétés vers leur perfectionnement? N'est - ce pas à cette faculté si pré-
cieuse que nous devons l'immense supériorité qui nous

denseurs dans ces sortes de machines, c'est de détruire la résistance de l'atmosphère, ce que l'on ne parvient jamais à faire que très imparfaitement; et lorsque nous considérons la petite quantité additionnelle de combustible nécessaire pour vaincre cette résistance, les avantages de la condensation paraissent s'évanouir. Car, si l'eau de condensation était chauffée à 160 degrés Fahrenheit, 57° Réaumur, nous avons vu (article III) que la force de la vapeur de cette eau serait de 3,75 livres par pouce; déduisant cette quantité de 15 livres, poids de l'atmosphère, il reste 11,25 livres, ce qui est

---

distingue des peuples sauvages qui nous environnent?

N'est-ce pas par les encouragemens donnés aux hommes de mérite que l'Angleterre a surpassé les autres nations en richesses et en puissance? il faut en convenir : c'est en leur assurant la jouissance plus étendue des honorables profits attachés au succès de leurs patriotiques travaux, en les mettant à portée de s'indemniser convenablement de leurs longs sacrifices, qu'elle a excité parmi les citoyens la noble émulation dont elle a recueilli les fruits précieux.

toute la quantité dont on diminue la résistance par la condensation ; d'un autre côté, si l'on renvoie à la chaudière cette eau de condensation, à la température de 160 degrés, elle fera baisser la température de l'eau de peut-être 30 degrés, ou de 310 à 280 degrés, et diminuera, par ce moyen, la force élastique de la vapeur de 120 à 160 livres par pouce (voyez article III), ce qui serait perdre 22,4 livres pour en gagner 11,25 (1) (voyez article VI, ci-après).

## RÉCAPITULATION.

J'ai démontré :

1°. Qu'une grande quantité de chaleur est nécessaire pour élever la température de l'eau à 212 degrés, et la réduire en

---

(1) Mais si l'on fait entrer cette eau alimentaire d'abord dans un vase au travers duquel passe la cheminée du fourneau, pour que l'eau soit élevée à la même température que celle de la chaudière, avant que d'y être introduite, elle ne diminuera ni la température, ni la force élastique de la vapeur.

vapeur dont la force élastique soit égale à la pression de l'atmosphère; ou, ce qui revient au même, égale à 15 livres par pouce carré de la surface de l'eau.

2°. Que la force élastique de la vapeur augmente suivant une progression géométrique, tandis que sa température augmente suivant une progression arithmétique; que chaque addition d'environ 3o degrés à la température de l'eau, double la force élastique de la vapeur; de sorte qu'en doublant la température (1), nous centuplons, ou environ, la force élastique.

3°. Que la quantité proportionnelle de chaleur qu'il faut ajouter à la température actuelle pour doubler la force expansive de la vapeur, va en diminuant toujours de plus en plus, à mesure que la température de l'eau augmente; que

---

(1) Ceci suppose que l'eau soit déjà arrivée à l'ébullition sous la pression de l'atmosphère, avant l'addition.

( *Note du traducteur.* )

l'addition de 30 degrés, lorsque l'eau en avait déjà 370, ajoutait 4,363 fois autant de force à la vapeur que l'addition de la même quantité lorsque l'eau n'avait que 10 degrés de chaleur.

4°. Que la vapeur faible emporte une bien plus grande quantité de chaleur latente, en raison de sa force, que celle qui est poussée à un fort degré d'expansibilité; que cet enlèvement de chaleur latente peut être en raison directe de l'espace dans lequel il est permis à la vapeur de se répandre. Cette supposition est confirmée par les expériences suivantes de John Dalton (1).

1°. Il a suspendu un thermomètre au milieu du récipient d'une machine à comprimer, et, faisant agir la machine, le mercure du thermomètre s'élevait de plusieurs degrés à mesure que l'air devenait plus dense; ouvrant ensuite le robinet pour laisser échapper l'air com-

_______

(1) Voyez *Repertory of arts*, vol. 2, 2ᵉ série.

5.

primé, il observa que le thermomètre
descendait subitement de plusieurs degrés au-dessous de la température de
l'air ambiant. Comment expliquer ces
effets? je réponds que, lorsque l'air était
condensé en forçant une plus grande
quantité dans le même espace, la chaleur latente n'avait plus assez de place
pour se tenir cachée; qu'elle était forcée
de devenir sensible, et que dans ses efforts pour se répandre elle attaquait le
thermomètre et faisait élever le mercure :
mais si les choses restaient dans cette position, peu d'instans suffisaient pour
que l'excédant de chaleur passât à travers les parois du récipient, afin de se
répandre dans l'atmosphère; l'équilibre
étant ainsi rétabli, le thermomètre re-
tournait promptement au degré qu'il
marquait avant le commencement de
l'expérience. Lorsque au contraire on ou-
vrait le robinet, pour laisser échapper
l'air contenu dans le récipient, il se formait un plus grand espace que la quan-

tité de chaleur latente qui y restait n'en pouvait remplir; la chaleur sensible que contenait le thermomètre, l'abandonnait donc pour devenir latente sous le récipient, et faisait baisser le mercure; mais dans cet état, l'équilibre était bientôt rétabli par le passage de la chaleur contenue dans l'atmosphère dont l'appareil était entouré, à travers les parois du récipient.

2°. Faisant le vide sous le récipient, il observait que le thermomètre baissait de plusieurs degrés; cet effet est dû à ce que l'espace sous le récipient devenait propre à recéler une plus grande quantité de chaleur latente au fur et à mesure qu'il était privé d'air, et que par conséquent il en retirait de tous les objets environnans et du thermomètre. De même que dans les expériences précédentes, l'équilibre se rétablit bientôt.

Ces expériences prouvent clairement qu'un vide a plus de capacité pour la chaleur latente qu'un plein, et l'on ne

peut en tirer aucune autre conséquence
raisonnable (1). Elles expliquent aussi
les étonnans effets produits par ma nouvelle méthode de renfermer la vapeur,
et d'en augmenter la force élastique par
une addition de chaleur , produisant
ainsi environ seize fois la force avec une
double quantité de combustible. Par ce
moyen nous pouvons construire des machines légères, simples et peu coûteuses,
qui feront autant d'ouvrage que celles,
plus grandes, plus compliquées et plus
dispendieuses, qui sont actuellement en
usage; et cela avec un tiers de la quantité
du combustible qu'exigent ces dernières.
Quoique nous ne puissions pas expliquer
les causes physiques de toutes ces opérations de la nature, nous pouvons cependant les diriger à volonté, et cela doit
nous suffire.

Il paraît donc que, commencer à se
servir de la vapeur lorsque sa force élas-

_______________________

(1) Voyez note *c* à la fin de l'ouvrage.

tique est seulement égale à la pression de l'atmosphère, c'est s'arrêter au point où la chaleur commence à produire de la force sans perte, et au-delà duquel chaque degré que l'on ajoute augmente rapidement la force réelle de la machine. Moins on renferme la vapeur et plus on consommera de combustible; au contraire, plus on résistera à l'action de la vapeur, ou, en d'autres termes, plus on augmentera la charge de la machine, et moins on brûlera de combustible pour produire le même effet : chaque coup de piston semble tirer de la chaudière à peu près la même quantité de chaleur, quelle que soit d'ailleurs la charge de la machine. Nous pouvons du moins raisonnablement conclure que l'augmentation de combustible n'aurait aucun rapport avec l'augmentation de la charge que porterait la machine. (Voy. art. III.)

## ARTICLE V.

### De la construction des chaudières.

Comme nous sommes dans l'intention de nous servir de la vapeur élevée à un haut degré d'expansibilité, soit 120 livres par pouce carré, en sus de la pression de l'atmosphère, il nous faut commencer par établir des principes fixes, d'après lesquels nous puissions calculer avec exactitude la force qui doit être exercée pour faire crever nos chaudières, afin de nous mettre à même de les construire avec une solidité proportionnée à cette force, et de pouvoir travailler sans le moindre danger.

La forme circulaire est la plus résistante possible, et moins le cercle a de diamètre, plus il faut de force intérieure pour le briser. Nous ferons donc nos chaudières de forme cylindrique; leur diamètre n'excédera pas trois pieds,

et nous augmenterons leur capacité ,
quand cela deviendra nécessaire, en les
faisant plus longues ; ou bien nous y ajou-
terons d'autres cylindres semblables et
parallèles. Les chaudières doivent être
placées dans une position presque horizontale, ayant le foyer sous une extrémité ; le tuyau de chaleur qui va à la
cheminée doit maintenir la chaleur en
contact avec la chaudière dans toute sa
longueur, afin que le feu puisse agir sur
une grande surface. Cette disposition est
très bonne là où le chauffage est à bon
compte ; mais, dans les endroits où le
chauffage coûte cher, pour l'économiser
nous ferons nos chaudières de deux cylindres l'un dans l'autre, celui de l'intérieur un peu au-dessous du centre de
l'autre quand ils sont couchés horizontalement, afin de donner de la place
pour la formation de la vapeur au-dessus
de la surface de l'eau, qui doit recouvrir
entièrement le cylindre intérieur. Les
deux cylindres seront d'égale longueur,

et l'un et l'autre attachés aux mêmes fonds. L'espace entre les deux cylindres contiendra l'eau, et le feu sera placé dans le cylindre intérieur, et sera ainsi entouré d'eau. Cette chaudière sera posée dans une maçonnerie, et le tuyau qui se rend à la cheminée conduira la chaleur au-dessous du cylindre extérieur, et en contact avec lui pendant toute sa longueur; le feu agira donc sur une bien plus grande surface que dans la première construction.

Ces chaudières sont faites de la meilleure tôle de fer, fortement clouée. Les fonds peuvent être faits de fonte douce, pourvu toutefois que le contact immédiat du feu avec ces fonds ne puisse pas avoir lieu. La fonte est sujette à se gercer à la chaleur; nous ne pouvons pas, en conséquence, nous y fier lorsqu'elle est mise en contact immédiat avec le feu (1).

---

(1) Quelques personnes se sont élevées contre l'usage de la vapeur portée à une haute température, sous

Pour trouver la force exercée par la vapeur, tendant à briser la chaudière, et l'épaisseur du fer nécessaire pour la contenir, supposons (comme l'expérience l'a prouvé, voy. art. XI, ci-après) qu'une barre de bon fer corroyé, d'un pouce d'équarrissage, et sans pailles, puisse supporter, sans se rompre, un poids de 68,000 à 84,000 livres, tirant dans le sens de la longueur (mais, pour ne pas nous tromper, prenons de 64,000 à 75,000 livres, pour le poids que cette

---

prétexte qu'elle brûlerait la garniture du piston et de la boîte aux étoupes. Mais j'ai fait bouillir de l'huile de graine de lin dans une chaudière de bois, en plaçant le fourneau à l'intérieur, et cela sans brûler le bois, qui ne saurait supporter une plus grande chaleur que la garniture de chanvre. D'après la table (article XI), l'huile de graine de lin bout à 600 degrés de chaleur. Si l'on continue l'échelle (article III) jusqu'à cette température, la vapeur de l'eau aura acquis une force élastique de 122,880 livres par pouce; ce qui démontre la futilité de pareilles objections, même en supposant que l'échelle soit inexacte, et que l'huile de graine de lin entre en ébullition à une température bien inférieure

barre peut supporter); d'après ces données, une barre de fer d'un pouce de
large et d'un dixième de pouce d'épaisseur, peut supporter, pour le moins,
6,400 livres.

### RÈGLE.

Multipliez le diamètre de la chaudière,
pris en pouces, par la force de la vapeur
prise en livres, par pouce carré de la soupape de sûreté, le produit sera la somme
de l'effort que fera la vapeur pour rompre
en deux points opposés chaque anneau
de la chaudière d'un pouce de large; pre-
nez la moitié de ce produit pour l'effort
que fait la vapeur pour rompre l'anneau
en un seul endroit, divisez-la par 64,000,
et le quotient sera la partie décimale d'un
pouce qui représente l'épaisseur que doivent avoir les parois de la chaudière pour
contenir cette même force.

### EXEMPLE.

Quel est l'effort que fait la vapeur pour
rompre, dans une partie quelconque,

un anneau d'un pouce de large, d'une chaudière cylindrique dont le diamètre est de 36 pouces, et lorsque la vapeur est prête à soulever la soupape de sûreté, chargée de 1,500 livres par pouce de surface; et quelle épaisseur doit avoir la tôle de fer pour contenir cet effort?

En multipliant 36 par 1,500, on a pour produit 54,000 livres pour la force qui tend à rompre l'anneau en deux endroits opposés; la moitié de cette quantité, ou 27,000 livres, est la mesure de la force qui tend à rompre l'anneau dans un seul endroit. Si l'on divise 27,000 par 64,000, le quotient est $\frac{42}{100}$ de pouce pour l'épaisseur nécessaire à contenir cette grande force de 1,500 livres par pouce. Beaucoup de personnes douteront de l'exactitude de ce calcul jusqu'à ce qu'elles comprennent bien les principes sur lesquels il est basé. Je procède donc à la démonstration.

## DÉMONSTRATION.

Supposons un cercle *a b c d*, *fig.* 1,
de 36 pouces de diamètre, inscrit dans
un carré A B C D, de 36 pouces de
côté; tirez les diamètres *a c*, *b d*, parallèles aux côtés du carré, et supposons
que l'effort de la vapeur dans le carré
soit de 1,500 livres par pouce, agissant
dans tous les sens; il est évident qu'il y
aura une force de 1,500 livres sur chaque pouce de la longueur de deux côtés
opposés, AB et CD, par exemple, agissant en directions opposées (et par conséquent se balançant à l'intérieur) et tendant à séparer ces deux côtés qui sont
retenus par les deux autres côtés A D et
B C; et que pour trouver la force totale
qui tend à rompre les côtés A D et B C,
il faut multiplier 36 pouces, longueur
d'un des côtés A B, C D, par 1,500 livres,
force expansive de la vapeur; le produit,
54,000 livres, sera la mesure de l'effort
qui tend à rompre les deux côtés AD,

BC; la moitié de cette somme, ou 27,000, tend à rompre un seul des côtés en un endroit quelconque.

Supposons maintenant que le cercle intercepte la vapeur et l'empêche d'arriver jusqu'au carré; il est clair que chaque demi-cercle interceptera la portion de la vapeur qui, sans son intervention, agirait contre le côté du carré qui lui correspond, et que l'effort à rompre le cercle en deux points quelconques est précisément égal à celui qui tendrait à rompre deux côtés du carré; ce qu'il fallait démontrer.

Je n'ai jamais trouvé de démonstration de ce problème, qui est souvent d'une grande utilité dans la pratique, tant pour les machines à vapeur que pour des machines hydrauliques, des conduits d'eau, etc., etc. Il est probable que la simple règle que je donne ici trouvera des contradicteurs; mais elle résistera à l'épreuve du temps et de l'expérience.

Afin de pouvoir travailler en toute sûreté avec la vapeur dont la force expansive est égale à 120 livres par pouce, j'ai calculé, d'après la règle ci-dessus, la table suivante qui indique tout-à-la-fois l'effort que fait la vapeur élevée à la force de 1,500 livres par pouce, pour rompre un anneau d'un pouce de large des chaudières de différens diamètres, et l'épaisseur de la tôle de fer nécessaire pour la contenir.

# TABLE

*Des diamètres et de la force des chaudières..*

| Diamètre de la chaudière évalué en pouces. | Effort pour rompre chaque anneau de la chaudière, d'un pouce de large, évalué en livres. | Épaisseur nécessaire à donner à de bonne tôle pour soutenir l'effort de la vapeur, évaluée en parties décimales du pouce. | Force exercée contre les fonds pour les faire sauter, évaluée en livres. | Force de la chaudière pour tenir les fonds, évaluée en livres. | Nombre de boulons à écrou d'un pouce de diamètre, nécessaires pour tenir les fonds. | Épaisseur des fonds en fonte douce, en pouces, au milieu. |
|---|---|---|---|---|---|---|
| 42 | 31,000 | 0.48 | 2,077,500 | 4,052,400 | 32 | 5. |
| 40 | 30,000 | 0.46 | 1,884,000 | | 9 | 4.5 |
| 36 | 27,000 | 0.42 | 1,525,500 | 2,037,440 | 24 | 4. |
| 30 | 22,500 | 0.35 | 1,069,000 | | 16 | 3.5 |
| 25 | 18,750 | 0.29 | 735,000 | | 11 | 3. |
| 20 | 15,000 | 0.23 | 471,000 | 918,777 | 8 | 2.5 |
| 15 | 11,250 | 0.17 | | | | |
| 12 | 9,000 | 0.14 | | | | |
| 10 | 7,500 | 0.12 | | | | |
| 8 | 6,400 | 0.094 | | | | |
| 7 | 5,250 | 0.082 | | | | |
| 6 | 4,500 | 0.07 | | | | |
| 5 | 3,750 | 0.058 | | | | |
| 4 | 3,200 | 0.047 | | | | |
| 3 | 2,250 | 0.035 | | | | |
| 2 | 1,500 | 0.023 | | | | |
| 1 | 750 | 0.012 | | | | |

Une chaudière construite d'après les dimensions portées dans cette table, pourra contenir de la vapeur dont la force expansive serait capable de soulever un poids de 1,500 livres par pouce carré; à peine pouvons-nous concevoir une pareille force, et certes nous n'aurons jamais besoin de nous en servir. Mais un excédant de force dans la construction de ces sortes de machines est requis par la prudence. Pour trouver le nombre de boulons à vis, chacun d'un pouce de diamètre, qu'il faut pour maintenir les fonds, on doit diviser la somme de la pression que supporte ce fond par 64,000, force de chaque boulon (1).

## ARTICLE VI.

### Des moyens d'employer la vapeur.

PRÉSUMANT que le lecteur intelligent ne peut pas douter de la faculté que

---

(1) Voyez note *d* à la fin de l'ouvrage.

nous avons de nous servir de la vapeur dont la force expansive est égale à 120 livres, non-seulement sans aucun danger, mais avec un très grand avantage, je procède maintenant à l'explication de la manière la plus avantageuse d'appliquer cette force pour en retirer le plus d'effet possible.

La machine peut être construite semblable à celle de *Boulton et Watt,* avec cette exception cependant, que le régulateur doit être arrangé de manière que lorsque le piston arrive en haut, une soupape s'ouvre pour laisser entrer une petite portion de vapeur qui le force à descendre; mais la soupape doit se refermer aussitôt que la quantité de vapeur introduite est telle, qu'en se dilatant à mesure que le piston descend, la force expansive qui lui reste à la fin de la course du piston soit seulement égale à la résistance de l'atmosphère, et puisse lui faire équilibre. Ici une autre soupape s'ouvre afin de laisser entrer une autre quantité sem-

blable de vapeur pour faire remonter le
piston, tandis que d'autres soupapes s'ouvrent pour laisser échapper la vapeur de
devant le piston. Le piston est ainsi
chassé de part et d'autre, par des bouffées
de vapeur, à peu près comme les balles
d'un fusil à vent; avec cette différence,
que le fusil à vent est bientôt épuisé,
tandis que la chaudière fournit de la vapeur sans interruption aussi long-temps
qu'on voudra : toute la force de la vapeur
est dépensée à faire mouvoir le piston,
excepté ce qui est nécessaire pour résister
à la pression de l'atmosphère. Ceci suppose que la machine travaille sans condenseur.

# TABLE

Montrant l'époque de la course du piston où la vapeur doit cesser d'être admise dans le cylindre selon la force de la vapeur dans la chaudière, et la loi suivant laquelle décroît la charge que la machine peut porter à chaque division de la course, pour que la vapeur puisse dépenser toute sa force; nous supposons la longueur de la course partagée en huit parties égales.

| Portion de course. | Force de la vapeur, 120 livres par pouce. | Charge, déduction faite de 15 livres pour la résistance de l'atmosphère. | Force de la vapeur, 60 livres par pouce. | Charge, déduction faite de 15 livres pour la résistance de l'atmosphère. | Force de la vapeur, 30 livres par pouce. | Charge, déduction faite de 15 livres pour la résistance de l'atmosphère. | Force de la vapeur, 15 livres par pouce. | Charge. |
|---|---|---|---|---|---|---|---|---|
| | 1 | | 2 | | 3 | | 4 | |
| 1 | 120 | 105 | 60 | 45 | 30 | 15 | 15 | 0 |
| 2 | 60 | 45 | 60 | 45 | 30 | 15 | 15 | 0 |
| 3 | 45 | 30 | 45 | 30 | 30 | 15 | 15 | 0 |
| 4 | 30 | 15 | 30 | 15 | 30 | 15 | 15 | 0 |
| 5 | 26.25 | 11.25 | 26.25 | 11.25 | 26.25 | 11.25 | 15 | 0 |
| 6 | 22.5 | 7.5 | 22.5 | 7.5 | 22.5 | 7.5 | 15 | 0 |
| 7 | 18.25 | 3.25 | 18.25 | 3.25 | 18.25 | 3.25 | 15 | 0 |
| 8 | 15 | 0. | 15 | 0 | 15 | 0 | 15 | 0 |
| | | 52.5 | | 22.5 | | 7.5 | | 0 |
| | | 8\|269.5 | | 8\|179.5 | | 8\|89.5 | | 0* |
| | | 33.7* | | 22.4* | | 11.2* | | 15 |
| | | 15 | | 15 | | 15. | | 15** |
| | | 48.7** | | 37.4** | | 26.2** | | |

* Charge moyenne sans condensation.

** Charge moyenne avec condensation. ( Ceci suppose qu'on obtient un vide parfait par la condensation, ce qui n'est pas vrai dans la pratique, comme nous l'avons vu. )                ( *Traducteur.* )

La table qui précède est fondée sur la supposition que la force élastique de la vapeur suit la même loi que les autres fluides élastiques; savoir, que leur force élastique est en raison inverse de l'espace qu'ils occupent, ou en raison directe de leur densité (voyez article IV). S'ils sont comprimés dans la moitié de l'espace, leur force élastique devient double; et s'ils sont dilatés dans un espace double, leur élasticité est diminuée de moitié. Mais cette loi n'est pas strictement vraie en ce qui regarde la vapeur, parce qu'elle n'est pas un fluide élastique permanent. Il n'entre pas dans une huitième partie du cylindre assez de chaleur, avec la vapeur de la force de 120 livres par pouce, pour faire dilater cette vapeur jusqu'à remplir toute la capacité du cylindre, et conserver assez de force pour résister à l'atmosphère; il faudra donc interrompre son entrée plus tard. Si on laisse entrer dans le cylindre une quantité de vapeur suffisante pour contenir assez de chaleur pour qu'elle remplisse toute la capacité, avec une force capable de résister à la pression de l'atmosphère à la fin de la course, la charge moyenne du piston sera plus grande que le résultat de la table.

Lorsque la vapeur est de la force de 120 livres par pouce, comme sous le n° 1 de la table, d'après la loi des fluides élastiques, il faudrait arrêter son introduction dans le cylindre à un huitième de la course du piston, afin que la vapeur ait le temps et l'espace convenables, pour développer toute la force qu'elle possède, de plus que la pression atmosphérique, quand le piston sera arrivé à la fin de sa course. La charge effective du piston, étant toujours de 15 livres de moins que la tension de la vapeur, diminue de 105 livres à 0, pendant que ce piston décrit les sept derniers huitièmes de sa course.

Pour trouver la charge moyenne que la vapeur peut porter, pendant toute la durée de la course, et résister en même temps à l'atmosphère, il faut additionner ensemble les charges à chaque division, et ajouter à leur somme (pour compenser la perte qui résulte de ce que la course n'a pas été divisée en un nombre infini de parties) la moitié de la charge, au moment de la fermeture de la soupape d'admission, c'est-à-dire (dans le cas du n° 1 de la table), la moitié de 105, ou 52 livres et demie, ce qui fait 269,5 livres, pour l'effet total du coup du piston; divisez cette somme par 8, nombre de divisions, et le quotient sera 33,7 livres pour la charge moyenne; à cette charge ajoutez encore 15 livres, et vous aurez 48,7 livres pour la charge moyenne, si l'on détruit la résistance de l'air par la condensation de la vapeur.

Lorsque la force de la vapeur est de 60 livres par pouce (comme au n° 2 de la table), il faut cesser l'introduction de la vapeur, au moment où le piston aura parcouru deux huitièmes de sa course;

la charge moyenne, en surmontant la résistance de l'air, est de 22,4 livres; et, avec un condenseur, 37,4 livres.

Lorsque la force de la vapeur est de 30 livres par pouce (n° 3), il faut fermer la soupape d'introduction à la moitié de la course; la charge moyenne contre l'atmosphère est alors de 11,2 livres; et, en se servant d'un condenseur, de 26,2 livres. Lorsqu'elle n'a que 15 livres de force par pouce (n° 4), il ne faut fermer la soupape qu'à la fin de la course; la charge moyenne contre l'atmosphère étant $= 0$, et seulement de 15 livres par pouce carré quand on fait le vide.

Il est évident que, puisque le cylindre doit, en chaque cas, être complétement rempli de vapeur, dont la force soit capable de faire équilibre à l'atmosphère, ou égale à 15 livres par pouce, il doit recevoir une égale quantité de chaleur dans chaque cas; quoique les effets soient si différens que, lorsque nous travaillons sans condenseur, la vapeur, dont la force élastique est égale à 120 livres par pouce, porte une charge moyenne de 33,7 livres par pouce; la vapeur de la force de 60 livres ne porte que 22,4 livres; celle de 30 livres porte 11,2 livres, charge moyenne, et celle de 15 livres porte 0, en sus de la résistance de l'atmosphère : et si l'on se sert d'un condenseur, les charges moyennes seront de 48,7; 37,4; 26,2; et 15 livres par pouce, d'après la loi des fluides élastiques permanens, qui a servi de base aux calculs de la table. Mais nous avons démontré (article IV) que la vapeur, portée à un haut degré d'expansibilité, ne contient pas une quantité de chaleur proportionnée à sa force; il est probable qu'au n° 1 de la table, la soupape doit rester ouverte pendant le tiers de la course du piston, ce qui porterait la charge moyenne à 80 livres par pouce; d'où il paraît qu'en contenant la vapeur, d'après ce nouveau principe, jusqu'à ce que sa force devienne égale à 120 livres par pouce, nous pouvons produire, avec une même quantité de chaleur, environ six fois plus d'effet, que d'après l'ancienne méthode d'employer la vapeur de la force expansive de 15 livres par pouce seulement. Et si cet effet a lieu en tirant de la chaudière des quantités égales de chaleur, nous pouvons en conclure que des quantités à peu près égales de combustible seront exigées dans les deux cas; car la pression de la vapeur élastique sur la surface de l'eau dans la chaudière, n'offre aucun obstacle à l'introduction de la chaleur; elle doit tendre, au contraire, à la faciliter, puisque les corps solides reçoivent la chaleur plus facilement que les corps poreux (1).

Si nous supposons qu'en employant de la vapeur de la force de 120 livres par pouce, il faille remplir le cylindre à un

---

(1) Oui; mais l'eau n'est pas sensiblement compressible, et par conséquent ne devient pas plus solide par la pression qu'exerce la vapeur sur sa surface.

( *Note du Traducteur.* )

tiers au lieu d'un huitième de sa longueur,
afin qu'il y ait assez de chaleur pour étendre cette vapeur dans toute sa capacité,
en conservant assez de force pour faire
équilibre à l'atmosphère; et si nous divi-
sons la longueur de la course en 9 parties
égales , alors, d'après les principes déjà
posés, la charge au bout de chacune de
ces divisions sera à peu près comme il
suit, lorsque nous nous servons d'un
condenseur.

| | | |
|---|---|---|
| 1. | 120. | |
| 2. | 120. | |
| 3. | 120. | |
| 4. | 100. | |
| 5. | 80. | 60. =Moitié de la force au |
| 6. | 40. | moment où la soupape |
| 7. | 34. | se ferme. |
| 8. | 27. | |
| 9. | 15. | |
| | 60. | |

$$\frac{716.}{9} $$

79, 55. Pour la charge moyenne;

étant plus de six fois la charge des machines construites d'après l'ancienne
théorie (qui n'excède jamais 12 livres
par pouce), et cela en ne tirant de la chaudière qu'une même quantité de chaleur.
Ceci n'est cependant qu'une simple conséquence tirée de la supposition qu'un
vide a plus de capacité qu'un plein, pour
recevoir de la chaleur. (Voy. art iv) (1).

## ARTICLE VII.

### Comparaison des deux principes.

Nous allons rapprocher ici ce que
nous avons précédemment exposé relativement aux effets des deux systèmes, afin
de pouvoir juger d'un seul coup d'œil,
auquel nous devons donner la préférence.

D'après l'ancien système où l'on emploie la vapeur pour former le vide, on

______

(1) Voyez note *e* à la fin de l'ouvrage.

réussit très rarement à faire porter à la machine plus de 12 livres par pouce, à cause de l'imperfection du vide que l'on parvient à former ; d'après le nouveau, où l'on travaille avec la vapeur portée à un degré d'expansibilité égal à 120 livres par pouce, et où l'on interrompt l'entrée de la vapeur au huitième de la course, nous avons vu ( n° 1 de la table de l'article précédent ) que la charge moyenne de la machine est de 48, 7 livres par pouce.

L'article III nous fait voir que chaque fois que l'on ajoute une petite quantité de combustible, on double la force de la vapeur ; de sorte qu'il ne reste plus de doute que deux fois la quantité de combustible nécessaire à maintenir l'ébullition, sous la pression de l'atmosphère, ne doivent porter la force élastique de la vapeur à 120 livres par pouce, force à l'aide de laquelle nous pourrons élever huit fois le poids à la même hauteur pendant un égal espace de temps. Ce qui nous donne huit fois l'effet d'après ce simple principe. Mais lorsque nous considérons que nous interceptons l'entrée de la vapeur à $\frac{1}{8}$ de la course, et que nous pouvons par conséquent donner huit fois autant de coups de piston, portant chacun 48,7 livres de charge (terme moyen), en multipliant cette charge par le nombre 8, nous trouverons 389,6 livres pour l'effet total; d'où il paraît que, si nous portons au double la consommation du combustible, pour augmenter la force expansive de la vapeur, nous obtenons 32 fois l'effet.

Mais je pense que l'introduction de la vapeur ne doit être interceptée qu'au quart de la course; ce qui porte la charge moyenne à 68 livres par pouce, et réduit ce nombre de coups de piston à 4 au lieu de 8 comme ci-dessus, et $4 \times 68 = 272$ l'effet total; divisant cette quantité (272) par 12, charge que porte une machine d'après l'ancien principe, nous trouvons 22.6 pour quotient : ce qui signifie que si nous considérons comme unité la quantité de force produite par l'ancienne machine, en employant une quantité donnée de combustible, nous obtiendrons 22.6 de fois autant de force en doublant la quantité de combustible, d'après le nouveau système.

Supposons qu'une chaudière dont le fourneau peut consommer un boisseau (1) de houille par heure, porte un robinet dont l'ouverture soit suffisante pour laisser échapper la vapeur dans le vide au fur et à mesure qu'elle acquiert une force expansive de 15 livres par pouce, il a été constaté que la vapeur, passant par cet orifice, aurait une vitesse de 1332 pieds par seconde. Supposons maintenant qu'au lieu d'un boisseau de charbon par heure, on en brûle deux, sous la même chaudière : nous croyons que cette quantité produira dans la vapeur une force

---

(1) Le boisseau anglais contient 35,2364 décimètres cubes ou une petite fraction plus qu'un pied cube, mesure française.          ( *Note du Traducteur.* )

expansive de 120 livres par pouce; la vitesse de la vapeur ( l'orifice restant le même ) serait comme la racine carrée de la pression $= 3769$ pieds par seconde, et les effets seront comme les pressions multipliées par les vitesses, d'après les lois connues de la Mécanique. Or , $1332 \times 15 = 19,980$ mesure de l'effet produit par un boisseau de charbon par heure, et $3769 \times 120 = 452,280$ mesure de l'effet produit en brûlant deux boisseaux par heure; ce dernier effet est $22,6$ aussi grand que l'autre, comme on peut s'en convaincre en divisant la dernière de ces quantités par la première.

Nous n'avons pas fait d'expériences assez exactes et assez étendues pour déterminer le rapport précis qui existe entre les effets des deux systèmes; mais l'épreuve que nous avons faite d'une machine construite d'après le nouveau système et actuellement en activité, nous autorise à affirmer que deux fois la quantité nécessaire pour produire une certaine somme de force dans une ancienne machine, en produit, au moins, seize fois autant dans la nouvelle.

^^^^^^^^^^^^^^^^^^^^^^^^^^^^^^^^^^^^^^^^^^^^^^^^^^^^

## ARTICLE VIII.

### De la pompe alimentaire.

Nous alimentons la chaudière d'eau par le moyen d'une petite pompe foulante qui n'exige, pour la faire mouvoir, qu'environ la millième partie de la force que produit la machine. Cette pompe introduit dans la chaudière, à chaque coup de piston, autant d'eau en état liquide qu'il en sort en état de vapeur pour faire marcher la machine : l'eau ainsi introduite nous fait éprouver une perte de force considérable, par la diminution de température qu'elle opère dans la masse d'eau contenue dans la chaudière ; car, de même que nous avons vu (art. iii) qu'une petite addition de chaleur double la force expansive de la vapeur, de même une petite diminution de chaleur réduit cette force à moitié.

Pour éviter cet inconvénient, nous construisons une petite chaudière à côté de la grande, et qui est, comme elle, très forte, pour être chauffée, soit en faisant passer la vapeur à travers, après qu'elle a fait marcher la machine, soit en y faisant passer le tuyau de chaleur après qu'il a quitté la chaudière et avant qu'il n'arrive à la cheminée. La pompe alimentaire tire l'eau d'un puits, d'un ruisseau ou du condenseur, si l'on en fait usage, et la foule dans la petite chaudière qui est constamment entretenue pleine; c'est de cette petite chaudière que l'eau passe dans la grande par un tuyau de communication. De cette manière elle entre dans la chaudière à la même température que celle qui s'y trouve déjà, d'où il résulte qu'il n'y a pas de chaleur perdue. Cette assertion peut paraître extraordinaire au premier coup d'œil; mais notre étonnement cessera lorsque nous considérerons que la vapeur, qui fait marcher la machine, enlève à la chaudière, par chaque coup de piston, une certaine quantité de chaleur, tandis que la petite chaudière conserve toute la sienne, et qu'aucune vapeur n'en sort. Et, comme il est permis de supposer que la chaleur entre plus facilement dans l'eau froide que dans l'eau chaude, nous faisons quelquefois nos chaudières de plusieurs cylindres qui se communiquent par des petits tuyaux, faisant passer le tuyau de chaleur dans chaque cylindre, et introduisant l'eau alimentaire dans l'extrémité la plus éloignée du foyer, afin qu'elle vienne, pour ainsi dire, à la rencontre de la chaleur. Par ce moyen nous tirons un parti plus avantageux de notre combustible.

## ARTICLE IX.

### Du condenseur.

Le poids de l'atmosphère résiste à l'action du piston, lorsqu'on ne condense pas, avec une force égale à 15 livres par chaque pouce de sa surface; l'objet du condenseur est de détruire cette résistance, et il est extrêmement utile lorsque nous employons une vapeur faible. (Voy. n°. 4 de la table de l'article vi.)

Il consiste ordinairement dans un vaisseau de métal, hermétiquement clos, et plongé dans de l'eau froide, pour recevoir la vapeur dans son intérieur au fur et à mesure qu'elle sort de la machine. Lorsqu'on veut mettre la machine en activité, on commence par la remplir entièrement de vapeur, dans toutes ses parties, afin d'en chasser l'air, qui s'échappe par une soupape que l'on nomme le *reniflard* : c'est ce qu'on appelle *purger la machine*. Cette opération termi- née, on ouvre le robinet d'injection pour laisser entrer, dans le condenseur, un jet continu d'eau froide, qui rencontre la vapeur sortant du cylindre, après qu'elle y a fait faire une course au piston, la condense, et forme ainsi le vide qui détruit la résistance que la pression de l'atmosphère pourrait opposer au mou- vement du piston. Si le vide était parfait, il en résulterait une augmentation de force de 15 livres par pouce; mais l'air qui s'élève de l'eau pendant sa première ébullition remplirait bientôt le conden- seur et empêcherait le jeu de la machine, si l'on n'avait pas soin d'ajouter une pompe à air et à eau chaude, qui enlève l'air à mesure qu'il se dégage de l'eau, ainsi que l'eau provenant de la vapeur condensée, et l'eau d'injection qui a servi à la condensation. Une portion de l'eau ainsi retirée du condenseur est renvoyée à la chaudière pour suppléer à celle qui a été employée en état de vapeur à faire mouvoir la machine; comme l'injection introduit constamment de nouvelle eau dans le condenseur, et que cette eau est continuellement renvoyée à la chaudière, il s'ensuit aussi que le dégagement d'air est continuel, ainsi que le sédiment qui s'accumule au fond de la chaudière; celui-ci forme un corps non-conducteur de chaleur, qui fait brûler la chaudière, et en abrège la durée; on doit ajouter qu'il coûte beaucoup de temps et d'argent pour la nettoyer, opération qu'il faut répéter souvent.

Pour éviter tous ces inconvéniens, nous perfectionnons le condenseur de la manière suivante : un vaisseau en métal destiné à recevoir et à refroidir l'eau d'injection est plongé dans l'eau froide, à côté ou au-dessous du condenseur; ce vaisseau est muni d'un réservoir d'air, et l'eau est forcée par l'élasticité de l'air contenu dans le réservoir, d'entrer dans le condenseur en formant un jet; la pompe à air et à eau chaude tire l'air et l'eau du condenseur, et renvoie au vaisseau d'injection autant d'eau qu'il en peut contenir; le reste qui se trouve dans le condenseur est forcé par la même pompe d'entrer dans la chaudière alimentaire, après avoir laissé échapper l'air par une ouverture à soupape, qui est pratiquée dans le haut d'un réservoir à air disposé sur son passage, dans son trajet du condenseur à la chaudière alimentaire. L'eau entre dans le vaisseau d'injection par une extrémité et en sort par l'autre : ce qui lui donne le temps de se refroidir, et la rend propre à la condensation. Par ce moyen, nous évitons l'introduction d'aucune nouvelle eau, et nous continuons de travailler avec la même quantité que nous avions au commencement de notre opération; en distillant continuellement la même eau, nous nous débarrassons bientôt de l'air qu'elle contient, et par conséquent notre vide est plus parfait. Il est conséquemment impossible qu'il se forme aucun sédiment qui puisse exposer la chaudière à être brûlée, ou obstruer en même temps le passage de la chaleur à travers ses parois.

Dans quelques cas, il peut être plus convenable de donner au condenseur assez de capacité pour qu'il expose à l'eau froide une surface suffisamment étendue pour condenser la vapeur sans injection ; dans ces cas il serait à souhaiter que l'on pût le placer dans un courant d'eau susceptible d'être détourné à volonté, afin de pouvoir mettre à nu le condenseur, avant de commencer de travailler ; ce qui faciliterait considérablement l'expulsion de l'air. La vapeur, réduite en eau dans ce condenseur, étant renvoyée à la chaudière alimentaire par la pompe à air, rendrait cette machine également inépuisable.

## ARTICLE X.

### De la machine volcanique et à vapeur (1).

Pour éclairer et faciliter nos recherches sur les moyens les plus propres à empêcher toute déperdition de chaleur par la cheminée du fourneau, considérons un moment les opérations de la nature dans les volcans. Là, le feu brûle sans le secours de l'air atmosphérique; là, tout le fluide élastique formé par la dissolution du combustible ( voyez article IV ), et la vapeur formée de toute l'eau qui peut arriver en contact avec le feu, combinent leurs efforts pour former la plus puissante et la plus terrible de toutes les machines à vapeur, dans laquelle le fourneau, la chaudière et le cylindre

---

(1) Voyez la note $f$ à la fin de l'ouvrage.

sont confondus en une seule pièce, qui travaille sur le principe simple de l'application d'une grande force élastique, pour bouleverser des montagnes et faire trembler la terre chaque fois qu'elle porte ses terribles coups. Pour imiter cette unité de principe autant que cela peut dépendre de nous, nous construisons une chaudière cylindrique d'environ 36 pouces de diamètre, et de 8 ou 10 pieds de haut, portant dans son intérieur un fourneau de 18 ou 19 pouces de diamètre. La chaudière et le fourneau sont réunis au même fond, de sorte que le feu est entouré par l'eau, et le tuyau de chaleur est recourbé et plongé dans l'eau jusqu'au fond, où la fumée et la chaleur sortent et s'élèvent en petits globules à travers l'eau, pour former de la vapeur. Le fluide élastique engendré par la combustion, que nous pouvons supposer avoir 2000 fois le volume de la matière brûlée, et l'air dont on se sert pour entretenir la combustion, dilaté par la chaleur, se réunissent avec la vapeur, dont la quantité est augmentée par ce moyen, pour faire marcher la machine avec une grande force élastique. Mais, jusqu'à ce que nous puissions découvrir une matière combustible qui brûlera sans l'intervention de l'atmosphère, ou le moyen de faire brûler le feu par un courant de vapeur très raréfiée (comme cela se pratique peut-être dans les volcans naturels), nous sommes obligés de nous servir d'une pompe à air foulante pour aider à la combustion. Cette machine consommerait moins de combustible et serait beaucoup plus légère que toutes les autres; elle serait donc préférable pour l'usage des bateaux ou des voitures. J'ai construit une petite chaudière sur ce principe, qui m'a donné des résultats assez satisfaisans pour un coup d'essai; mais, fatigué de la peine et des frais qu'occasionnent les expériences pour l'introduction de nouveaux principes, j'ai abandonné celui-ci pour le moment, jusqu'à ce qu'un avenir plus flatteur, ou une occasion plus favorable se présente (1).

Lorsque l'application de cette théorie sera ajoutée à celle que j'ai déjà expliquée, je pense que nous aurons fait usage de tous les principes que la nature nous offre pour nous aider à établir des machines à vapeur : à moins que nous ne puissions parvenir à les faire marcher sans matière combustible; et je ne conçois d'autres moyens d'y arriver, sinon en rassemblant les rayons du soleil, et en les dirigeant sur la chaudière, pour réduire l'eau en vapeur, ce que l'on pourrait exécuter par le moyen de miroirs-plans, et peut-être à moindres frais qu'on

----

(1) Dans ce fourneau le feu brûle avec plus de facilité à mesure que l'air est comprimé autour, par la même raison que la flamme d'une chandelle devient plus brillante sur le récipient de la machine de compression, à mesure que l'air y devient plus dense; l'effet contraire se produit, si on la place sous le récipient de la machine pneumatique et qu'on y fasse le vide.

ne le suppose ordinairement (1). Il nous

---

(1) Beaucoup de personnes croiront cette idée chimérique; mais qu'elles réfléchissent que l'eau exposée aux seuls rayons perpendiculaires du soleil, acquiert bientôt la température du sang (92° Fahrenheit), quoique l'évaporation, qui a constamment lieu, emporte une très-grande portion de la chaleur aussitôt qu'elle est communiquée à l'eau. L'expérience pourrait démontrer combien de rayons solaires il faudrait concentrer sur l'eau pour la chauffer trois fois plus, ou pour en porter la température de 92° à 276°, laquelle, comme nous l'avons vu (article III), produirait une vapeur dont la force élastique serait égale à 60 livres par pouce. Cette force serait suffisante pour faire marcher une machine très puissante pour élever l'eau dans des pays chauds, et pour divers autres usages. Une lentille convexe, de 36 pouces de diamètre, a produit à son foyer, par les seuls rayons du soleil, une chaleur bien plus forte que n'en a jamais eu aucun fourneau. Combien de lentilles pouvons-nous supposer qu'il faudrait pour produire assez de vapeur pour faire marcher une machine ? Mais il n'est pas nécessaire de faire les frais de lentilles; cent miroirs-plans, chacun de neuf pieds de superficie, et qui pourraient être composés chacun de neuf petits miroirs d'un pied de surface, placés dans un cadre, réfléchiraient assez de chaleur pour faire mouvoir une forte machine. Comment Archimède a-t-il brûlé la flotte de Marcellus, qui assiégeait Syracuse ?

Je suis fortement d'avis que le jour viendra où l'on

reste à faire l'application des principes connus, jusqu'à ce que nous en découvrions d'autres, s'il y en a.

---

élèvera l'eau en grandes quantités, et pour divers usages, par la seule chaleur du soleil, et à peu de frais; mais ceux qui ont des facultés mentales capables de concevoir de pareils procédés, n'ont presque jamais les moyens nécessaires pour les faire exécuter; et quand même ils auraient les moyens à leur disposition, ne serait-il pas imprudent de leur part de courir seuls les hasards du premier essai? en pareil cas les secours du gouvernement deviennent nécessaires, disons mieux, indispensables.

# ARTICLE XI.

## Échelle de chaleur.

*Cette échelle s'étend du plus haut degré de chaleur produit dans un fourneau à vent, au plus grand degré de froid connu jusqu'à présent, et qui fut produit dans la baie de Hudson, en 1784, par un mélange d'acide sulfurique et de neige.*

(Extrait de l'*Encyclopédie*, édition américaine, vol XVIII, pag. 500.)

| | Échelle de Fahren. | Échelle de Wedgwood. |
|---|---|---|
| Plus haut degré de l'échelle de Wedgwood............................ | 32277° | 240° |
| Plus grande chaleur de son petit fourneau à vent....................... | 21877 | 160 |
| La fonte entre en fusion à.......... | 17977 | 130 |
| Plus grande chaleur du feu de la forge ordinaire......................... | 17327 | 125 |
| Plus grande chaleur pour la soudure du fer.............................. | 13427 | 95 |
| Plus faible, *idem*................ | 12777 | 90 |
| L'or fin se fond à................ | 5237 | 32 |
| L'argent fin se fond à............ | 4717 | 28 |
| Le cuivre rouge de Suède se fond à... | 4587 | 27 |
| Le cuivre jaune se fond à......... | 3807 | 21 |

|  | Échelle de Fahr. | Échelle de Wedgwood |
| --- | --- | --- |
| Chaleur pour fondre son émail. . . . . . | 1857 | 6 |
| Chaleur rouge visible au jour. . . . . . . | 1077 | 1 |
| Chaleur rouge visible dans l'obscurité. . . | 947 | 0 |
|  | | Échelle de Réaumur. |
| Le mercure, l'huile de lin, et autres huiles exprimées bouillent à. . . . . . . | 600 | 252,4 |
| L'essence de térébenthine bout à. . . . | 560 | 231,3 |
| L'acide sulfurique bout à. . . . . . . . | 546 | 228,3 |
| Le plomb se fond à. . . . . . . . . . | 540 | 225.8 |
| Le bismuth se fond à. . . . . . . . . | 460 | 190 |
| L'étain se fond à. . . . . . . . . . . | 408 | 166 |
| Le soufre se fond à. . . . . . . . . . | 244 | 94 |
| L'acide nitreux bout à. . . . . . . . . | 242 | 93,3 |
| Le lait de vache bout à. . . . . . . . | 213 | 80,4 |
| L'EAU BOUT à. . . . . . . . . . . | 212 | 80 |
| L'urine bout à. . . . . . . . . . . . | 206 | 77,3 |
| L'eau-de-vie bout à. . . . . . . . . | 190 | 70,2 |
| L'alcool bout à. . . . . . . . . . . | 174 | 63,2 |
| La partie séreuse du sang et des blancs d'œufs se durcissent à. . . . . . . | 156 | 57 |
| La cire jaune se fond à. . . . . . . . | 142 | 49 |
| Chaleur de l'air, parfois, près Sénégal. . | 111 | 35,1 |
| Les œufs de poule éclosent à environ. . . | 108 | 29,4 |
| Chaleur des oiseaux, depuis. . . . . 103 à 111 | | 31,6 à 35,2 |
| Chaleur des animaux domestiques, depuis. . . . . . . . . . . . . . 100 à 103 | | 30,25 à 31,6 |
| Chaleur du corps humain, depuis. . . 92 à 99 | | 26,6 à 29,7 |
| Chaleur d'un essaim d'abeilles. . . . . | 97 | 28,9 |
| Chaleur de l'Océan sous l'équateur. . . | 80 | 21,3 |
| Le beurre se fond à. . . . . . . . . | 74 | 18,6 |
| L'acide sulfurique, de la gravité spécifique de 1780, se congèle à. . . . . . . | 45 | 5,8 |
| L'huile d'olives commence à se figer à. . | 43 | 4,9 |
| Chaleur du porc-épic et de la marmotte | | |

| | Échelle de Fahrenheit. | Échelle de Réaumur. |
|---|---|---|
| dans l'état torpide. . . . | $39\frac{1}{2}$ | 3,4 |
| L'EAU SE GÈLE et la neige se fond à. . . . . . . . . . | 32 | 0 |
| Le lait se gèle à. . . . . . . | 30 | —0,89 |
| L'urine et le vinaigre commun se gèlent à. . . . . . | 28 | —1,78 |
| Le sang humain se gèle à. . | 25 | —3,11 |
| Les vins forts se gèlent à. . | 20 | —5,32 |
| Un mélange d'une partie d'alcool et trois parties d'eau se gèle à. . . . . . . . . | 7 | —11,1 |
| Un mélange de neige et de sel marin se gèle depuis. . . | o à — 4 | —14,2 à —16 |
| L'eau-de-vie, ou parties égales d'alcool et d'eau, se gèlent à. . . . . . . . . . . | — 7 | —17,3 |
| LE MERCURE se gèle depuis | —39 à —40 | —31,5 à —32 |
| Froid produit dans la baie de Hudson, par **M.** Macnab, par le mélange de la neige et de l'acide sulfurique. . | —69 | —44,8 |

# TABLE

De la force de différens métaux, déterminée par des expériences , le poids étant suspendu à une barre d'un pouce carré , et tirant dans le sens de la longueur. (Voyez *Encyclopédie,* édition américaine, vol. XVIII, p. 10. )

|  |  | liv. anglaises. |
|---|---|---|
| L'or coulé. | | { 20.000 / 24.000 |
| L'argent coulé. | | { 40.000 / 43.000 |
| Cuivre rougé coulé | Du Japon. | 19.500 |
| | De la Barbarie. | 22.000 |
| | De la Hongrie. | 31.000 |
| | D'Anglesea. | 34.000 |
| | De la Suède. | 37.000 |
| Fonte de fer. | | { 42.000 / 59.000 |
| Fer en barres | Ordinaire. | 68.000 |
| | De la Styrie. | 75.000 |
| | De la Suède et de la Russie (première qualité ). | 84.000 |
| | Clous de fer à cheval. | 71.000 |
| L'acier en barres | Doux | 120.000 |
| | Trempe de rasoirs. | 150.000 |
| Étain coulé | De Malacca. | 3.100 |
| | De Banca. | 3.600 |
| | En Saumon. | 3.800 |
| | Anglais, en saumon. | 5.200 |
| | grenu. | 6.500 |

8..

Plomb coulé. . . . . . . . . . . . . . . . . .      860

Régule d'antimoine. . . . . . . . . . . . . . .    1.000

Zinc. . . . . . . . . . . . . . . . . . . . . .    2.600

Bismuth. . . . . . . . . . . . . . . . . . . .    2.900

Laiton ou cuivre jaune. . . . . . . . . . . . .   51.000

L'expansion des corps par la chaleur est extrêmement variée, et, dans les corps solides, ne paraît être guidée par aucune loi fixe. **M.** Smeaton a donné, dans le quarante-huitième volume des *Philosophical transactions*, une table de l'expansion d'un grand nombre de substances; les détails suivans sont extraits de cette table. Le degré de chaleur employé était 180° du thermomètre de Fahrenheit, et l'expansion est exprimée en dix-millièmes de pouce, mesure anglaise.

Un pied de verre blanc, tube de baromètre. . . .    100

Régule d'antimoine ( *martial* ). . . . . . . . . .    130

Acier ( *blistered* ). . . . . . . . . . . . . . .    138

Acier trempé. . . . . . . . . . . . . . . . . .    147

Fer. . . . . . . . . . . . . . . . . . . . . .    151

Bismuth. . . . . . . . . . . . . . . . . . . .    167

Cuivre rouge, travaillé au marteau. . . . . . . .    204

Mélange formé de trois parties de cuivre rouge et

~~~~~~~~~~~~~~~~~~~~~~~~~~~~~~~~~~~~~~~~~~~~~~~~~

# ARTICLE XII.

*Instructions pour ceux chargés de la conduite de machines à vapeur d'après le nouveau système.*

Nous avons vu ( article IV ) qu'un vide recevra et contiendra, probablement, plus de chaleur latente qu'un plein ; et il est évident que le piston laisse à chaque coup derrière lui, un vide qui doit
~~~~~~~~~~~~~~~~~~~~~~~~~~~~~~~~~~~~~~~~~~~~~~~~~

être rempli de chaleur latente tirée de la chaudière, indépendamment de la chaleur sensible qui donne à la vapeur la force expansive nécessaire pour faire marcher la machine. On peut donc en conclure, *à priori*, que si la machine est mise en mouvement avant que la vapeur ait acquis la force expansive avec laquelle on désire travailler, et qu'on la fasse marcher un peu vite avec la charge qu'elle peut supporter sous cette tension inférieure de vapeur, la chaleur active communiquée à l'eau par le feu, sera attirée si rapidement dans le cylindre pour y passer à l'état de chaleur latente, qu'il sera très difficile d'augmenter convenablement la force de la vapeur dans la chaudière, et l'on pourra ainsi brûler une grande quantité de combustible sans produire l'effet désiré. Cette supposition est d'ailleurs confirmée par l'expérience. Pour économiser le combustible, il faut retenir la vapeur dans la chaudière, jusqu'à ce qu'elle y ait acquis une force expansive plus grande que celle qu'on est dans l'intention d'employer; ce que l'on voit par le soulèvement de la soupape de sûreté, ayant le poids placé à une plus grande distance du centre qu'à l'ordinaire. Si l'on fait marcher alors la machine, la force sera réduite au degré convenable avant que le cylindre soit échauffé. Il faut avoir soin que la machine ne parte pas avec un mouvement trop rapide, afin qu'elle attire moins de chaleur latente, et qu'elle en emploie plus en état de chaleur active; de cette manière la machine continuera de marcher et de produire de grands effets, si l'on a soin d'alimenter le feu.

S'il s'agit de faire remonter un bateau contre le courant d'une rivière dont la vitesse est inégale, il faut, lorsqu'on est dans les endroits où le courant est moins rapide, arranger la soupape d'admission de telle sorte que la vapeur n'entre dans le cylindre que pendant un seizième ou un quart de la course. Faites travailler pendant ce temps la pompe alimentaire pour introduire une bonne quantité d'eau dans la chaudière; poussez le feu, afin qu'en arrivant à l'endroit rapide du courant, la force élastique de la vapeur soit prête à soulever la soupape de sûreté avec une double charge; arrivé à ce point, changez votre soupape pour admettre la vapeur jusqu'à la moitié de la course, et arrêtez la pompe alimentaire; par ces moyens vous aurez une force quadruple qui fera aisément remonter le bateau contre la plus grande vitesse du courant; et en soutenant l'intensité du feu, vous pouvez maintenir cette même force jusqu'à ce que la difficulté soit entièrement vaincue. On pourrait de même régler la quantité de vapeur admise de la chaudière dans le cylindre, en ouvrant ou en fermant plus ou moins le robinet de vapeur; mais on perdrait beaucoup par ce moyen, puisque ce serait revenir à l'ancien procédé de travailler avec de la vapeur d'une petite force, tandis qu'on en aurait de très forte dans la chaudière.

Si la machine était appliquée à faire marcher une voiture sur une bonne route : dans les descentes ou sur les niveaux, il faudrait engrener les roues de manière qu'elles fissent plus de révolutions pour un même nombre de coups de piston, et remplir la chaudière comme ci-dessus; en arrivant au pied de la montée, on engrènerait de manière que les roues marchassent moitié ou trois quarts moins vite par rapport à la machine; par ce moyen on aurait huit ou seize fois la force pour surmonter l'obstacle avec une vitesse moitié ou trois quarts plus petite, ce qui mettrait à même de remonter toute montagne sur laquelle les roues ne glisseraient pas. Si un roulier, conduisant une voiture attelée de cinq chevaux, pouvait avoir à volonté soixante-quinze autres chevaux pour aider ses cinq, il remonterait facilement les montagnes les plus escarpées. Lorsqu'il s'agit d'un travail régulier, tel que la mouture, le sciage, etc., il faut arranger la soupape d'admission de manière que la force de la vapeur, dans la chaudière, puisse se soutenir malgré la quantité de chaleur employée par la machine, et on obtiendra des effets bien plus considérables d'une même quantité de combustible.

L'expérience suivante a constaté l'exactitude de ces principes.

J'ai construit, pour le comité de santé de Philadelphie, une machine destinée à nettoyer le fond des bassins et rivières, qu'on appelait l'*Orutker amphibolos*. C'était un bateau plat de 3o pieds de long sur 12 pieds de large, avec des seaux attachés à une chaîne sans fin, pour amener de la vase du fond, et des crochets pour en retirer des morceaux de bois, des pierres et autres obstacles. Ces seaux étaient mus par une petite machine à vapeur placée sur le bateau, et dont le cylindre avait 5 pouces de diamètre et le piston 19 pouces de course. Cet appareil fut construit dans mon atelier situé à un mille et demi de la rivière Schuylkill, où il fut mis à l'eau. Le bateau s'est enfoncé dans l'eau de 19 pouces, déplaçant ainsi 551 pieds cubes; ce qui, à 62, 5 livres, poids d'un pied cube d'eau, donne pour le poids du bateau, 34,437 livres; divisant cette quantité par 213, poids d'un baril de farine, nous trouverons que le poids du bateau, y compris celui de la machine, était égal à celui de 161 barils de farine. Ajoutez à ce poids celui des fortes pièces de charpente et des roues qui ont servi à ce transport, ainsi que celui des personnes qui sont montées dans le bateau pendant son trajet, et vous aurez un poids total égal, au moins, à 200 barils de farine. La petite machine a transporté ce lourd fardeau à travers la ville, en faisant le tour de la place du centre (*center square*); et, quoique la vitesse n'en fût pas grande, nous avons estimé qu'elle était capable de lui faire remonter les pentes les plus rapides qu'il doit y avoir sur des routes dites *Turnpikes* (1), et que la loi a limitées à quatre degrés.

Lorsque ce bateau fut mis à l'eau, nous arrangeâmes une roue à pales à sa poupe pour le faire avancer, en y appliquant la force de la machine. Quoique le bateau fût carré aux deux bouts, et par conséquent mauvais marcheur, et qu'il tirât 19 pouces d'eau, nous avons jugé cependant que, si la machine eût été avantageusement employée à donner un mouvement convenable à des roues à pales, ce bateau eût pu faire tête au courant du *Schuylkill*. L'expérience a démontré qu'une embarcation convenablement construite aux deux extrémités, se meut dans l'eau avec beaucoup plus de facilité qu'un bateau de la construction de celui-ci, et que sa longueur n'influe

----

(1) *Turnpike road* se dit d'une route construite et entretenue par une société anonyme, qui est autorisée par le gouvernement à percevoir un droit de péage.

( *Traducteur.* )

pas sensiblement sur la résistance : nous pouvons donc conclure, sans craindre de nous tromper, qu'un bateau de 16 pieds de large et 90 pieds de long, tirant 2 pieds d'eau, et dont le poids serait de 86 tonneaux, égal à 903 barils de farine, pourrait franchir jusqu'à sept ou huit milles par heure, à l'aide d'une machine dont la force serait quadruple de celle-ci (1). Cette force serait suffisante pour faire remonter un pareil bateau contre le courant du Mississipi, à raison de quatre milles par heure. Prenant en considération la manière provisoire dont toutes les pièces qui servaient à cette expérience étaient construites, et l'énorme frottement qu'on avait par conséquent à vaincre, ainsi que l'immense disproportion qui existait entre la force de la machine et sa charge, il serait impossible de

----

(1) Il faut se rappeler que ce livre fut publié environ deux ans avant la mise en activité du premier bateau à vapeur qui ait bien réussi. ( *Traducteur* )

douter qu'une voiture à vapeur ne pût être construite de manière à transporter 100 barils de farine à la distance de 50 milles, en 24 heures, sur une bonne route; et que, lorsque tout serait bien arrangé pour l'approvisionner d'eau et de combustible à des distances convenables, une telle voiture ne donnât autant de profit aux entrepreneurs que dix voitures de rouliers, attelées chacune de cinq chevaux. Jugeant que les propriétaires des *Turnpike Roads* sont les seules personnes que l'intérêt devrait diriger vers une pareille entreprise, j'ai fait le devis suivant pour être soumis aux directeurs de la compagnie du *Philadelphia and Lancaster Turnpike*.

## A la compagnie du Lancaster Turnpike Road.

**MESSIEURS,**

Permettez que je soumette à votre attention l'exposé suivant :

Je pense que l'on pourrait construire des voitures qui seraient mises en mouvement par une machine à vapeur de mon invention, et capables de transporter des marchandises de Philadelphie à Columbia, et retour, à beaucoup moins de frais que par la force des animaux.

J'estime le coût de la machine à. . . . 1500 dollars.
—      de la voiture à. . . . 500
Frais imprévus. . . . . . . . . . . . . 500
                   Total. . . . 2500

Ces voitures doivent transporter 100 barils de farine en faisant trois milles par heure sur des chemins unis, et un mille dans les montées et les descentes ; ou environ quarante milles par 24 heures de marche, faisant le voyage de Columbia en deux jours.

Il faut cinq voitures attelées de cinq chevaux chacune, pour transporter 100 barils à la même distance, en trois jours de marche. J'estime les frais de ce transport comme il suit :

| | |
|---|---:|
| 5 voitures à 100 dollars ( le plus bas prix ). . . . . . . . . . . . . . . | 500 |
| 25 chevaux à 100 dollars l'un. . . . | 2500 |
| Harnais pour 25 chevaux, à 7,75 dollars. . . . . . . . . . . . . . | 193,75 |
| 5 toiles pour couvrir les voitures, à 7 dollars. . . . . . . . . . . . . | 35 |
| 30 sacs pour avoine, à un dollar. . . | 30 |
| 5 crics à 6 dollars l'un. . . . . . . | 30 |
| 5 fouets à 75 cent. . . . . . . . . | 3,75 |
| 5 auges à 2 dollars. . . . . . . . | 10 |
| 5 boîtes à graisse à 33 cent. . . . . | 1,65 |
| Total. . . . . | 3304,15 |
| Coût de la voiture à vapeur. . . . . | 2500 |
| Différence du premier coût en faveur de la voiture à vapeur. . . . . . | 804,15 |
| La voiture à vapeur fera le voyage en deux jours, portant 100 barils de farine à 1 dollar 25 cent. . | 125 |

A DÉDUIRE

| | |
|---|---:|
| Frais de combustible, 20 boisseaux à reporter. . . . . | 125 |

Report. . . . . . .                125

de charbon par 24 heures, 40
boisseaux par voyage, à 37 ½ c.
ou du bois pour la même somme.    15⎫
3 hommes à 1 dol. par jour, 2 jours.    6⎭    21

Profits de la voiture à vapeur par
voyage. . . . . . . . . . . . . .    104
ou 52 dollars par jour.

Les cinq voitures feront le voyage en
trois jours et porteront 100 barils de farine à 1 dol. 25 cent. . .    125

Nourriture de 25 chevaux à 33 c. ⅓
par jour, 3 jours. . . . . . . . .    25⎫
5 voituriers à un dollar. . . . . . .    15⎭    40

Profits par voyage. . . . . . . . . .    85
Ce qui fait à 28,33 cent. dollars
par jour.

Les frais d'entretien seront, pour le
moins, autant pour chacune des voitures, leurs chevaux et leur harnais, que
pour la voiture à vapeur.

Des profits de la machine à vapeur pour
chaque journée de travail. . . . .    52
Déduisez pour frais d'entretien. . . .    2
Profit net de cette voiture par jour. . .    50
Des profits journaliers des 5 voitures. .    28,33
Déduisez pour chacune 2 dollars. . . .    10
Profits nets sur les 5 voitures par jour.    18,33
ou 3,66 dollars chacune.
Différence en faveur de la machine. .    31,67

9

Ajoutez à cela que la voiture à vapeur ne consomme rien pendant qu'elle ne travaille pas, que dans sa marche elle unit et raccommode les chemins, tandis que les autres les abîment. Tout bien considéré, il me paraît que l'ancien mode de transport ne saurait soutenir la concurrence avec celui que j'ai l'honneur de vous soumettre, et que les voitures à vapeur seraient bientôt exclusivement chargées de ces sortes de transport sur toutes les routes bien entretenues.

Je ne doute pas que vous n'appréciiez l'importance d'une innovation si profitable, et ne jugiez de votre intérêt d'affecter les fonds nécessaires pour la mettre à exécution. Je suis inventeur de la seule machine qui puisse remplir le but important que je vous ai exposé, ainsi que beaucoup d'autres où l'on a besoin d'un grand développement de force.

Vous sentirez aisément, messieurs, que ce serait un fardeau trop lourd pour

un particulier, s'il fallait qu'il trouvât
en lui toutes les ressources nécessaires
pour l'exécution de tous les perfectionnemens qu'il peut inventer.

Je n'ai aucun doute que la machine
que je propose ne puisse faire remonter
le Mississipi au bateau, et faire marcher
des voitures sur de bonnes routes, avec
un grand avantage.

Cet appel, que je fais à des personnes
éclairées sur leurs véritables intérêts,
doit les déterminer à mettre à profit les
inventions utiles qui font l'objet de la
présente lettre.

Je suis, etc.

Philadelphie, le 26 septembre 1804.

## ARTICLE XIII.

### Du rapport du cylindre à la chaudière.

Les bornes de cet ouvrage ne permettent pas de donner des instructions aussi détaillées que nous pourrions le désirer sur la construction des machines à vapeur : nous dirons cependant que l'ingénieur doit être dirigé dans la construction d'une machine (d'après le nouveau système que nous avons développé) par des principes bien différens de ceux qui doivent le conduire dans la confection d'une machine à simple pression, où plus les dimensions de son cylindre sont grandes, et plus sa machine a de force, pourvu toutefois que la chaudière soit assez grande pour pouvoir fournir assez de vapeur pour le remplir à chaque coup de piston. Dans le nouveau système, au contraire, plus le cylindre dans lequel on peut faire entrer toute la vapeur que la chaudière est capable de fournir, est petit, et plus la machine sera puissante, pourvu que la chaudière ait assez de force pour résister à l'expansion de la vapeur. Si on double le diamètre du cylindre, le frottement devient double, et la résistance de l'air (1) quadruple; ainsi que le vide derrière le piston, qu'il faut remplir de chaleur latente tirée de la chaudière à chaque coup de piston. ( Voyez article XII. )

Pour démontrer ces effets par un exemple supposons une machine du nouveau système, arrangée de manière que la chaudière puisse faire mouvoir un piston de 30 pouces de surface avec une force de 120 livres par pouce; 30 multiplié par 120 est égal à 3600 livres, charge du piston. Supposons aussi que le frot-

_______________

(1) Il faut se rappeler que l'auteur parle ici d'une machine à forte pression travaillant sans condensation.

( *Traducteur.* )

tement du piston dans le cylindre soit de 150 livres; il faut y en ajouter 450 autres pour la résistance de l'atmosphère, ce qui fait 600 livres à déduire de 3600; reste donc 3000 livres net pour la charge totale.

Supposons maintenant que le diamètre du cylindre soit porté au double; le frottement deviendra double, ou 300 livres, et la résistance de l'atmosphère serait quadruple, ou 1800 livres, faisant une résistance totale de 2100 livres. La force de la vapeur serait au contraire réduite, d'après la loi de Boyle (voy. art. IV et VI), au quart : multipliant donc 120 pouces, surface du piston, par 30 livres, force de la vapeur par pouce, nous aurons 3600 pour la force qui tend à pousser le piston; de cette quantité il faut déduire 2100 livres pour la résistance, et il nous restera 1500 livres pour la charge nette de la machine. Mais ce calcul suppose la loi de Boyle exacte, et que la vapeur soit un fluide élastique permanent, ce qui n'est pas vrai. Lorsque nous considérons que le vide formé derrière le piston ( voy. art. xii ) se trouve quadruplé par l'augmentation du diamètre du cylindre, et qu'il absorberait probablement toute la chaleur de la chaudière en forme de chaleur latente, nous pouvons hardiment en conclure que le piston agrandi ne serait plus capable de vaincre la résistance de l'atmosphère, et que par conséquent la machine ne porterait aucune charge, si le piston se meut avec la même vitesse dans les deux cas (1).

La force qu'un homme peut déployer pendant 8 à 10 heures par jour est suffisante pour soulever un poids de 30 livres à la hauteur de deux milles et demi par heure; la force du cheval est cinq fois aussi grande que celle de l'homme, ou capable d'élever 150 livres à la hauteur

---

(1) Voyez la note g à la fin de l'ouvrage.

de deux milles et demi, ou 13200 pieds par heure. Ces données ont été constatées par un grand nombre d'expériences, et établies depuis long-temps comme base des calculs de ce genre. Partant de cette base, si nous voulons déterminer le diamètre d'un cylindre et la longueur de la course du piston qui produiront une force donnée, il faut diviser 13200 pieds par heure, par 60, et nous trouvons 220 pieds pour la vitesse du piston par minute. Supposons que le nombre des coups de piston soit de 36 par minute; 220 pieds divisés par 36 donnent 6.1 pied pour la longueur du double coup de piston, soit 6 pieds ; c'est-à-dire 3 pieds pour la course du piston, 36 coups de haut en bas, et 36 de bas en haut par minute, pour que le piston parcoure un espace de deux milles et demi par heure.

Supposons encore que le piston porte une charge moyenne de 50 livres par pouce carré de surface, au lieu de 80

( voy. article VI ), alors chaque trois pouces de surface de piston sont équivalens à la force d'un cheval.

Prenant le côté d'un carré pour unité, le diamètre d'un cercle d'égale surface est 1.128; donc, pour trouver le diamètre d'un cylindre qui doit produire la force d'un nombre donné de chevaux, il faut employer la règle suivante.

Multipliez le nombre de chevaux par 3, et la racine carrée du produit par 1.128, le second produit sera le diamètre du cylindre; en supposant toujours que la longueur de course soit de trois pieds, et que la machine donne 36 pulsations par minute ( 72 fois la course ).

Prenant le diamètre d'un cercle pour unité, le côté d'un carré d'égale surface sera 0.8862; donc, pour trouver la surface d'un piston, multipliez le carré de son diamètre par 0.8862, et le produit représentera la surface.

. Pour produire la force d'un cheval, un piston de 3 pouces de surface doit parcourir 220 pieds, ou 2640 pouces par minute, portant une charge de 150; et 2640 multipliés par 3, égalent 7920 pouces cubes d'espace que le piston laisse derrière lui par minute, dans l'état de vide parfait pour être rempli par la chaleur (voyez article XII). Donc, pour trouver la force d'une machine, multipliez la surface du piston, en pouces carrés, par la longueur de la course réduite en pouces, et le produit par le nombre de coups par minute; le dernier produit sera l'espace que le piston parcourt, ou le vide qu'il laisse derrière lui, lequel divisé par 7920 donne le nombre de chevaux que la machine représente, si le piston peut supporter une charge moyenne de 50 livres par pouce.

Pour trouver le nombre de coups qu'un piston doit donner par minute, afin de produire la force d'un nombre donné de chevaux, multipliez le nombre de chevaux par 7920, et divisez le produit par le nombre de pouces cubes parcourus par le piston à chaque course, le quotient sera le nombre de coups que la machine doit donner par minute, portant une charge moyenne de 5o livres par pouce carré de surface.

Un cheval ne peut travailler que huit heures dans les 24, ce qui rend trois relais nécessaires; une machine de la force de dix chevaux fera donc l'ouvrage de trente chevaux.

Les meilleures machines de *Boulton* et *Watt*, construites d'après ce que j'appelle l'ancien système, exigent un boisseau du meilleur charbon de New-Castle (Angleterre), des mines de Walker, par jour, pour chaque cheval que la machine représente. J'ai prouvé (article iv) que par mon nouveau système on obtiendra au moins trois fois autant de force de la même quantité de combustible, et que la machine que j'ai inventée peut être construite à moitié moins de frais.

## DEVIS COMPARATIF

Des frais de construction et d'entretien pendant 10 ans, de deux machines, l'une d'après l'ancien système, l'autre d'après le nouveau.

|  | dollars (1). |
|---|---|
| Supposons qu'une machine construite sur l'ancien principe coûte....... | 10.000 |
| Dix années d'intérêt à 6 p. 100..... | 6.000 |
| Cette machine consommera environ 60 boisseaux de charbon par jour, à un tiers de dollar par boisseau, 3oo jours par an, pendant 10 ans, font. | 60.000 |
|  | 76.000 |

|  | dollars. |  |
|---|---|---|
| Une machine de force égale, d'après la nouvelle méthode, coûtera...... . | 5.000 |  |
| Intérêt pendant 10 ans........... | 3.000 | 28.000 |
| Charbon , dont il sera brûlé environ un tiers de ce qui est brûlé par l'autre machine.................. | 20.000 |  |

Différence du coût et de l'entretien, dollars.   48.000

**Cette différence est digne d'occuper l'attention de ceux qui veulent employer des machines à vapeur.**

---

(1) Le dollar vaut 5 fr. 33 cent.

# TABLE

De la grandeur de surface que doivent avoir les pistons des machines à vapeur de différentes forces, supposant que toutes donnent trente-six doubles coups de trois pieds par minute, et qu'elles portent une charge moyenne de 5o livres par pouce de surface.

| Nombre de chevaux dont la machine fera l'ouvrage par journée de 24 h | 3 | 6 | 12 | 18 | 24 | 30 | 36 | 42 | 48 | 54 | 60 | 66 | 72 | 78 | 84 | 90 | 105 | 120 | 150 | 180 | 210 | 240 | 270 | 300 |
|---|---|---|---|---|---|---|---|---|---|---|---|---|---|---|---|---|---|---|---|---|---|---|---|---|
| Diamètre des pistons en pouces, et parties décimales de pouce. | 1.92 | 2.76 | 3.9 | 4.79 | 5.53 | 6.18 | 6.77 | 7.3 | 7.81 | 8.28 | 8.74 | 9.16 | 9.57 | 9.96 | 10.3 | 10.7 | 11.94 | 12.36 | 13.82 | 14.47 | 16.31 | 17.48 | 18.54 | 19.54 |
| Surface en pouces. | 3 | 6 | 12 | 18 | 24 | 30 | 36 | 42 | 48 | 54 | 60 | 66 | 72 | 78 | 84 | 90 | 105 | 120 | 150 | 180 | 210 | 240 | 270 | 300 |
| Nombre de chevaux de force, ou de boisseaux de blé que la machine peut moudre par heure. | 1 | 2 | 4 | 6 | 8 | 10 | 12 | 14 | 16 | 18 | 20 | 22 | 24 | 26 | 28 | 30 | 35 | 40 | 50 | 60 | 70 | 80 | 90 | 100 |

## ARTICLE XIV.

### De la distillation.

La connaissance des principes que j'ai développés jusqu'ici ( voyez article iv ) nous mène directement à la découverte d'un perfectionnement dans l'art de la distillation. Si l'on augmente la pression sur la surface de l'eau ou sur la surface des liqueurs spiritueuses, ces liquides entrent plus difficilement en ébullition ; et lorsqu'ils bouillent sous une forte pression, la même quantité de chaleur élèvera une bien plus grande portion du liquide à l'état de vapeur, que sous une légère pression ; d'un autre côté les liqueurs spiritueuses entrent en ébullition à une température moins élevée, ou sous une plus forte pression que l'eau. D'où nous pouvons conclure que si nous augmentons la pression ou la force élastique de la vapeur dans l'alambic, nous parviendrons à supprimer la vapeur aqueuse, jusqu'à ce que la vapeur spiritueuse s'élève abondamment. On pourra peut-être parvenir de la même manière à se débarrasser de l'huile essentielle qui donne un mauvais goût aux liqueurs, et à tirer des esprits rectifiés par une seule chauffe avec moins de combustible et plus rapidement. A ce perfectionnement on pourrait en ajouter un autre pour rendre l'opération continue, ce serait de faire l'alambic de forme cylindrique, d'introduire la matière à distiller par un bout, et de laisser partir le marc par l'autre; toute sa partie spiritueuse serait extraite pendant le passage, et l'opération pourrait être continuée à volonté.

Si quelqu'un est disposé à supporter les frais et les soins qu'exigent les expériences nécessaires pour mettre cette idée à exécution, il en trouvera la *spécification* et les dessins dans les archives du département d'état ( dit bureau des Brevets) des Etats-Unis. Pour le dédommager de ses dépenses et de ses soins, j'offre de prendre, par écrit et en forme légale, l'engagement de lui transférer la moitié du privilége exclusif pour pratiquer et pour céder le droit de pratiquer ces mêmes perfectionnemens (1).

## ARTICLE XV.

### Du mouvement alternatif, ou du va-et-vient dans les machines.

Il n'y a que peu de mécaniciens qui aient considéré la portion de force qui se perd dans les machines lorsqu'on communique à des pièces massives des mouvemens rapides de va-et-vient, tels que ceux que l'on donne aux châssis des moulins à scier, aux balanciers des machines à vapeur, etc., etc. Ceux qui ont écrit sur

_______________

(1) Voyez note *h* à la fin de l'ouvrage.

la mécanique se sont généralement accordés à dire que le poids d'un corps multiplié par sa vitesse exprime la mesure de son moment; mais peu d'entre eux ont dit que le poids d'un corps, multiplié par le carré de sa vitesse, est la mesure des effets qu'il peut produire, ce qui est pourtant vrai (1). C'est ainsi que nous sommes souvent induits en erreur; car c'est une faute grave que de croire qu'une force double puisse imprimer à un corps une vitesse double; il faut quatre fois la force pour porter cette vitesse au double; s'il en est ainsi, il faudra une résistance quadruple pour arrêter un corps animé d'une double vitesse (2). Par conséquent les forces nécessaires pour produire des mouvemens d'oscillation, sont comme les carrés des vitesses multipliés par les poids des corps mis en mouvement. Au fait de ces principes, j'ai eu soin d'éviter l'usage des grands balanciers dans la con-

---

(1) Voyez Millwright's Guide, art. 6.
(2) Idem.

struction de ma machine à vapeur; puisque, par un mauvais arrangement des
pièces , la presque totalité de la force de la
machine peut être absorbée pour donner
un mouvement rapide à la masse d'un pesant balancier; les oscillations naturelles
d'un balancier sont réglées d'après sa longueur comme celles d'un pendule, et
nous ne pouvons en augmenter la vitesse
sans une dépense considérable de force.
Je ne connais pas de moyen pour rendre
cette théorie plus facile à concevoir que de
la rapporter aux lois de l'écoulement des
fluides. L'eau sortant d'un orifice, sous un
pied de pression, acquiert une vitesse de
8.1 pied par seconde; dans ce cas la puissance employée à donner cette vitesse est
égale à un huitième du poids du corps mis
en mouvement. Supposons maintenant
que l'eau s'écoule sous une pression de 4
pieds, sa vitesse sera de 16.2 pieds par
seconde; ici la puissance employée à pro-
curer cette vitesse est égale au quart du
poids du corps mis en mouvement. Si elle

sort sous la pression de 16 pieds, elle se meut avec une vitesse de 34.4 pieds par seconde, et une puissance égale à la moitié du poids du corps mû est dépensée pour la lui donner. Sous la pression de 64 pieds elle sort avec une vitesse de 64.8 pieds par seconde, et l'on voit qu'une puissance égale à tout son poids est employée en entier pour lui imprimer cette vitesse. Mais il faut autant de force pour arrêter le mouvement acquis que pour faire acquérir ce même mouvement. Donc, pour donner à un corps un mouvement d'oscillation avec 32.4 pieds de vitesse par seconde, il faut employer une puissance égale au poids du corps ; et si l'on veut porter cette vitesse à 64.8, il faudra employer une puissance égale au double de son poids.

Quelque grave que puisse paraître cet inconvénient, la plupart du temps il disparaît presque entièrement, dans le cas où les oscillations sont produites par ce simple élément de mécanique, *la manivelle,* attachée à l'axe d'une roue à laquelle la puissance est appliquée. C'est ainsi que cela a lieu dans les moulins à scie, et dans les machines où la force est employée directement à faire mouvoir un corps oscillant, qui la communique par une bielle à la manivelle d'un volant, comme dans les machines à vapeur sans balancier. Dans l'un et l'autre cas, la ligne qui partage en deux parties égales l'arc d'oscillation, doit passer par le centre du cercle décrit par la manivelle. Dans les scieries où la force est appliquée à la roue dont la manivelle fait mouvoir la scie, tandis que la manivelle s'éloigne de cette ligne *milieu* d'oscillation, elle fait mouvoir la scie avec un mouvement graduellement accéléré; et, en s'approchant de cette ligne, elle retarde le mouvement de la scie d'une manière symétrique. Si la scie se meut à vide, c'est-à-dire sans scier, l'excès de mouvement qu'elle reçoit de la manivelle pendant son accélération lui est rendu pendant le mouvement retardé; il ne faut donc qu'une petite force pour maintenir le mouvement d'oscillation. Pendant que la scie travaille, la quantité de force qu'elle reçoit, ou le *moment*, est employé à faire l'ouvrage. Dans la machine à vapeur le contraire a lieu, attendu que la force est appliquée à donner le mouvement de va-et-vient au piston, qui en transmet le *moment* au volant pendant que la manivelle s'éloigne de la ligne *milieu* d'oscillation ; et le moment dont sont animés le piston et toutes les parties de la machine qui lui sont attachées, est communiqué au volant pendant que la manivelle s'approche de cette ligne ; de sorte que peu de force suffit pour maintenir le mouvement d'oscillation sans produire d'autre effet. Lorsque la machine agit sur la résistance, la force est employée à produire les effets, et le *moment* du volant sert à régler le mouvement de la machine, et à porter la manivelle au-delà de la ligne d'oscillation, ou, sans cela, elle s'arrêterait. Il lui fait prendre une position telle que le *moment* du piston, dans un mouvement de va-et-

vient, puisse lui être appliqué avec avantage pour faire continuer le mouvement
circulaire du volant.

Feu Robert Leslie, de Philadelphie, à
la mémoire et au jugement duquel nous
devons une grande déférence, pensait que
le cas était bien différent lorsqu'il s'agissait de faire osciller un balancier pesant,
avec une vitesse plus grande que celle
qui dépendrait naturellement de sa longueur, même quoique attaché à une manivelle. Nous savons qu'un balancier suspendu très près de son centre de gravité
ne demande qu'une très petite force pour
la faire osciller avec sa vitesse naturelle,
qui est réglée aussi exactement par sa
longueur que celle d'un pendule; mais
je ne sache pas que l'on ait encore déterminé par l'expérience la quantité de force
nécessaire pour lui faire faire un plus
grand nombre d'oscillations dans un
temps donné, ni quel est le rapport entre
cette force additionnelle, la longueur et
le poids du balancier. Je ne puis assurer

qu'elle rende exactement à la manivelle,
pendant que celle-ci s'approche de la ligne
*milieu* d'oscillation, tout le *moment* qu'elle
aura reçu pendant son éloignement; mais
je suis assez disposé à croire que cet effet
n'a pas lieu, comme il a été dit plus haut.
Mes idées à ce sujet ne sont pas mûres,
ne l'ayant pas examiné avec assez d'attention, quoique je le croie très important.

## ARTICLE XVI.

Description d'une machine à vapeur d'après le nouveau
principe.

LA figure 3 représente une section
verticale des différentes parties d'une
machine à vapeur, construite d'après les
principes développés dans cet ouvrage;
toutes les parties sont placées de manière
à en faciliter l'intelligence pour ceux qui
ne sont pas familiers avec le jeu de la machine à vapeur : dans la construction elles
sont arrangées différemment.

*A*. Coupe de la chaudière, perpendiculaire à son axe; elle consiste en deux cylindres, l'un dans l'autre (la forme cylindrique étant la plus convenable pour résister à une grande force expansive). Le feu est allumé dans le cylindre intérieur qui sert de fourneau, et l'eau est contenue entre les deux cylindres. La fumée, après avoir traversé le cylindre intérieur dans toute sa longueur, en sort par l'autre extrémité et est conduite de là sous la chaudière alimentaire, *B*, où elle va chauffer l'eau destinée à remplacer dans la chaudière celle qui en est retirée en état de vapeur, pour opérer le mouvement de la machine; *C* pompe alimentaire qui, à chaque coup de piston de la machine, élève une quantité d'eau et la force à entrer dans la chaudière alimentaire.

La vapeur monte par le tuyau, et, si la soupape d'injection *D*, est ouverte pour laisser entrer la vapeur dans la machine, et que l'on ouvre les soupapes *E* et $F$, la vapeur pousse le piston $G$ à l'extrémité inférieure du cylindre, comme on le voit dans la figure : la vapeur qui remplissait le cylindre, étant chassée devant le piston, s'est échappée par la soupape $F$. Aussitôt que le piston arrive en bas, les soupapes $E$ et $F$ se ferment, et celles $H$ et $I$ s'ouvrent; la vapeur entre en $H$ pour faire remonter le piston, tandis que celle qui est contenue dans la partie supérieure du cylindre est forcée de sortir par la soupape $I$. Ces quatre soupapes sont mues par deux roues $K$ et $L$, portant des cames sur leurs surfaces, qui frappent contre quatre leviers auxquels les tiges des soupapes sont attachées, et qui les ouvrent et les ferment au moment convenable. ( Ces leviers ne sont pas représentés dans la figure. ) Le mouvement du piston $G$ fait mouvoir le levier $MN$ ; et la bielle $MO$ fait tourner la manivelle, tandis que le volant $QR$ conserve la régularité du mouvement; les roues dentées $ST$, de dia-

mètre égal, font mouvoir les roues à cames $LK$; le levier $MN$ fait marcher la
pompe alimentaire $C$. Le mouvement
est ainsi continué, et la roue $V$ de 66
dents menant la roue $U$ de 23 dents, fait
faire à la meule $W$ cent révolutions par
minute; lorsque le piston fait 35 coups
dans le même temps. La roue dentée $V$,
peut être appliquée à tout autre ouvrage.
Au lieu de la roue on peut encore faire
usage d'une manivelle pour faire marcher une pompe, ou une scie, puisque
la machine peut donner depuis 10 jusqu'à 100 coups de piston par minute,
selon l'usage pour lequel elle est construite; et si le cylindre de la machine a
8 pouces de diamètre, elle fera marcher
une meule de cinq pieds de diamètre,
ou un autre ouvrage quelconque qui
exige une pareille force.

La vapeur en quittant la machine, s'é-
chappe par le tuyau $XX$, et se dissipe
dans l'air au-dessus du toit de la maison,
ou bien elle passe dans le condenseur, si

l'on se sert d'un condenseur, ou elle passe à travers la chaudière alimentaire pour chauffer l'eau.

*Y* est la soupape de sûreté, maintenue à sa place par un levier gradué comme la romaine, pour peser l'effort de la vapeur. Cette soupape s'élève pour laisser échapper l'excédant de la vapeur, lorsque sa force élastique devient trop considérable.

Si l'on recourbe le tuyau de la soupape de sûreté dans le fourneau, on peut, en ouvrant la soupape, chasser en dehors les cendres qui pourraient obstruer le tuyau de chaleur.

Cette machine est très simple dans sa construction, et facile à exécuter par des mécaniciens ordinaires; les ouvertures pour le passage de la vapeur sont de simples plaques métalliques percées chacune d'un trou, sur lequel vient s'appliquer la soupape destinée à le fermer; ces plaques sont aisées à fondre.

En nous servant de cette machine pour

faire marcher dix scies, nous trouvons que, si nous la mettons en mouvement aussitôt que la vapeur a acquis la force nécessaire pour faire marcher une seule scie, et qu'elle marche un peu vite, elle tire la vapeur de la chaudière au fur et à mesure que cette vapeur s'y forme. Nous pouvons ainsi brûler beaucoup de combustible, et passer beaucoup de temps pour faire peu de chose; mais si, au contraire, nous retenons la vapeur jusqu'à ce qu'elle lève la soupape de sûreté, portant une charge assez forte pour faire marcher les dix scies, alors, la machine se mettra en mouvement avec cette charge, continuera à marcher toute la journée, et ne brûlera qu'une très petite quantité de combustible de plus.

La machine n'occupe que peu d'espace; la figure en est faite sur une échelle de $\frac{3}{4}$ de pouce pour pied, excepté la meule et les deux roues qui la font mouvoir. Celles-ci sont sur une échelle d'un quart de pouce pour pied.

*Extrait d'un mémoire d'Évans, publié dans l'Emporium of Arts; vol. 2, pag. 203.*

Après avoir ainsi établi les bases de la théorie de sa machine, *Oliver Évans* s'occupa de la simplification de son mécanisme ; et, quoiqu'il ne considérât cette partie que comme un objet secondaire, il est néanmoins arrivé à un tel degré de perfection, que l'on doit peut-être désespérer de pouvoir rendre la construction de la machine à vapeur plus simple ; à moins que l'on ne parvienne à lui donner directement un mouvement de rotation.

La fig. 5 représente une vue en perspective de sa nouvelle machine, telle qu'il la construisit après y avoir apporté les simplifications dont il vient d'être question, et qu'il publia en 1812 (1).

_______________

(1) J'ai cru devoir substituer à la planche d'Oliver Évans, qui représente la machine en perspective, le plan et les élévations d'une machine de ce genre, de la

A. Chaudière;

B. Cylindre;

C. Balancier;

D. Volant;

E. Condenseur;

F. Pompe à eau froide;

G. Pompe alimentaire;

K. Soupape de sûreté, qui peut être chargée de 100 à 150 livres par pouce carré de surface. Il n'est jamais nécessaire d'en mettre davantage, et elle ne doit pas être assujettie autrement.

## Opération.

La chaudière étant remplie aux trois-quarts environ d'eau pure, on allume le feu. La fumée, accompagnée de la chaleur qu'elle entraîne, après avoir parcouru, en dessous, la longueur de la chaudière, entre dans le cylindre inté-

---

force de six chevaux; fig. 4, 5 et 6, dans lesquelles les mêmes lettres indiquent les mêmes objets que ci-dessus.

( *Traducteur.* )

rieur, et passe au milieu de l'eau pour gagner la cheminée; elle agit ainsi sur une grande surface.

Lorsque la vapeur soulève la soupape de sûreté K, on ouvre le robinet; alors elle entre dans le cylindre B pour faire monter et descendre le piston, qui, par la bielle 1, fait tourner le volant D. La roue dentée 2 entraîne un arbre L, lequel fait tourner l'arbre vertical de la soupape tournante 8, qui laisse entrer et sortir la vapeur au moment convenable.

La vapeur, sortant par le tuyau 4, courbé et plongé dans l'eau de la bâche E, y est condensée par le contact extérieur de l'eau de la bâche, qui est constamment renouvelée par la pompe F; l'eau qui provient de la condensation descend par le tuyau 5 à la pompe alimentaire G, d'où elle est renvoyée à la chaudière par le tuyau 6.

Mais l'eau se décompose peu à peu par l'ébullition; il en résulte un gaz incondensable, ce qui oblige d'adopter la soupape 7 qui, à chaque introduction de nouvelle vapeur venant du cylindre, s'élève, laisse échapper une petite portion de ce gaz, et le vide se fait instantanément et au moment même où la manivelle passe par les points morts.

La petite perte d'eau qui résulte de cette cause peut être réparée en condensant une faible portion de la vapeur qui s'élève de l'eau de condensation, et qui passera par le tuyau 9, à travers un robinet dont l'ouverture est de $\frac{1}{32}$ de pouce de diamètre, pour arriver à la pompe alimentaire; cette quantité d'eau peut paraître petite pour une machine de la force de vingt chevaux, mais elle est suffisante.

Aucun dépôt ne peut se former dans la chaudière, puisqu'il n'y entre que de l'eau distillée. Elle durera donc beaucoup plus long-temps, et exigera moins de combustible que dans les autres machines. L'eau bourbeuse, ou tenant en suspension des corps étrangers quelconques, peut servir à la condensation ; et, puisque la machine travaille également bien pendant que l'eau bout dans le condenseur, on peut faire servir le feu à deux usages à la fois, au travail de la machine et à l'évaporation des liquides salins ou sucrés, et, par conséquent, il y aura beaucoup d'économie.

Si la vapeur est contenue dans la chaudière jusqu'à ce qu'elle soulève la soupape de sûreté chargée, par exemple, d'un poids de cent livres par pouce carré ; que le cylindre ait neuf pouces de diamètre et le piston trois pieds de course ; que celui-ci donne trente-six coups par minute ; la force de la machine sera égale à celle de vingt chevaux attelés, et pourra moudre vingt boisseaux de blé par heure (1), ou scier cinq mille pieds carrés de planches en douze heures. Si l'on retient la vapeur par un poids de

––––––––––––––––––

(1) Le boisseau de blé pèse 60 livres anglaises, s'il est de bonne qualité.　　　( *Note du traducteur.* )

cent cinquante livres par pouce carré
sur la soupape de sûreté, la force de la
machine sera égale à trente chevaux,
tout étant égal d'ailleurs relativement à
l'étendue de la course du piston et au
nombre de coups par minute; dans l'un
et dans l'autre cas on suppose l'entrée de
la vapeur interceptée, lorsque le piston
a parcouru le tiers de sa course.

Plus on retient la vapeur enfermée
dans la chaudière, sans lui permettre de
s'introduire dans le cylindre, et plus une
même quantité de combustible donne
de force élastique à la vapeur. Chaque
fois que l'on ajoute 3o degrés à la température actuelle de l'eau, chaque fois
on double la force élastique de la vapeur
qui s'en élève; de sorte que, si l'on porte
la température au double, on obtient une
force expansive environ cent fois plus
grande. En observant bien ces principes,
on peut réduire la quantité de combustible à environ un tiers de celui qu'on
emploie dans les autres machines pour

produire une force égale. Le poids de cette machine n'excède pas le quart du poids des machines ordinaires; elle est d'ailleurs plus simple, plus durable, moins coûteuse, et plus propre à tous les usages, surtout s'il s'agissait de l'appliquer au mouvement des voitures et des bateaux. Elle n'exige qu'autant d'eau que le combustible en peut réduire en vapeur, et cette vapeur peut être employée ensuite à chauffer des appartemens ou des ateliers, ou bien le condenseur E peut servir ou comme appareil de distillation, ou comme cuve de fabricant de papier, ou comme chaudière de brasserie, de teinturerie, etc., etc.

# ADDITIONS DU TRADUCTEUR.

## *Description du piston à garniture métallique.*

Dans les anciennes machines à vapeur le frottement du piston dans le cylindre offre une résistance très considérable, qui diminue d'autant la force effective de la machine. Ces pistons ont en outre l'inconvénient de se déranger souvent, et de forcer par conséquent à arrêter la machine pour en renouveler la garniture. Par cette raison, il ne sera peut-être pas inutile de donner ici la description d'un piston à garniture métallique, inventé par M. Browne, avocat à Philadelphie, et qui a été employé avec un succès parfait par plusieurs mécaniciens français, notamment par M. Daret et M. Bresson, dans des machines à vapeur de différentes dimensions.

J'ai eu l'honneur de présenter à la Société d'encouragement pour l'industrie nationale, un journal américain contenant la description de ce piston, et il se trouve consigné dans son bulletin du mois d'avril 1818, d'où j'extrais la description suivante :

« Le corps du piston à garniture métallique, perfectionné par M. Browne, est formé de deux plateaux circulaires de même grandeur, traversés au centre par la tige, et séparés par un intervalle occupé par la garniture, composée de trois segmens de cercle, de trois coins triangulaires, équilatéraux, de même épaisseur que les segmens, et d'un ressort annulaire placé au centre de ce système de garniture.

» L'extrémité inférieure de la tige du piston est de forme conique, pour retenir le plateau inférieur; un peu au-dessus de ce premier plateau, la tige est diminuée de diamètre, avec épaulement, sur lequel pose le second plateau; un écrou, vissé à la tige, sert à fixer solidement le plateau sur cet épaulement. C'est dans l'intervalle qui sépare les deux plateaux que la garniture métallique est établie et maintenue; les trois seg-mens de cercle rapprochés forment en-semble, par leurs bords extérieurs, un cercle dont le diamètre est égal à celui du corps de pompe mesuré intérieure-ment, et sensiblement plus grand que le diamètre des plateaux. Les trois pièces triangulaires, logées dans les angles for-més par la réunion des segmens, et pres-sées du centre vers la circonférence par le ressort annulaire, d'une élasticité con-venable, tiennent les segmens en contact avec la paroi intérieure du corps de pompe, parfaitement alésé et cylindri-que; au fur et à mesure que les segmens s'usent, ces pièces triangulaires, en s'a-vançant proportionnellement, ferment constamment les vides que laissent les segmens à leurs points de contact; mais comme les segmens et les pièces trian-gulaires sont en métal très dur, et que le ressort annulaire les presse uniformément contre la paroi intérieure du corps de pompe, et seulement de la quantité nécessaire pour les maintenir dans une juxta-position, il en résulte que la garniture métallique ainsi disposée, dure très long-temps.

» L'auteur a fait construire des pistons de ce genre avec des soupapes qui ferment l'espace triangulaire équilatéral que laissent entre eux les segmens et les coins réunis.

» L'expérience a prouvé que ce piston remplit parfaitement son objet dans les pompes aspirantes et foulantes, les machines à vapeur, et même les machines pneumatiques, surtout lorsqu'il est construit avec le soin et la précision nécessaires. »

*Explication des figures 7 et 8.*

Fig. 7. Coupe verticale du piston par son diamètre :

A. Tige du piston;

B, B. Plateau inférieur;

C, C. Plateau supérieur;

   D. Écrou;

E, E. Segmens;

   F. Ressort.

Fig. 8. Plan qui montre la garniture à découvert :

   G, G, G. Coins triangulaires.

Les mêmes lettres désignent les mêmes objets.

*Description de la soupape tournante.*

Si l'on s'est bien pénétré de ce qui précède, il ne sera plus nécessaire que d'étudier l'opération de la soupape tournante (1), pour comprendre parfaitement le jeu de la machine.

---

(1) On doit cette pièce importante à M. Luther Stephens de Lexington, dans l'état de Kentuckey; ce jeune homme, menuisier de son état, n'avait jamais vu de machine à vapeur, lorsqu'il lut pour la première fois l'ouvrage d'Oliver Évans; quand il arriva assez loin pour savoir que la vapeur, admise alternativement à chaque extrémité d'un cylindre, donnait du mouvement à la machine en forçant le piston à monter et à descendre, sa

Cette soupape qui remplace avec avantage l'ancien régulateur dans la machine à vapeur, est formée d'un disque métallique circulaire, percé d'un trou A, figures 9, 10 et 13, près de la circonférence, et tournant dans une boîte circulaire D,D qui porte trois trous pratiqués dans le fond E,E; deux de ces trous sont placés de manière que l'ouverture A de la

---

lecture fut interrompue, et il se mit à réfléchir sur le moyen que l'on pouvait employer pour faire prendre à la vapeur ces différentes directions, et pour la conduire au condenseur après qu'elle aurait servi à faire mouvoir le piston. Il imagina la soupape tournante; et lorsqu'il vit à l'art. xvi le moyen indiqué par l'auteur pour opérer cet effet, il fut si pénétré de la supériorité de son invention, qu'il se mit en marche et se rendit à Philadelphie, dont il était distant d'environ six cents milles, pour aller la communiquer à Oliver Évans. Celui-ci fut si frappé de l'excellence de la méthode, qu'il n'hésita pas à l'adopter, en achetant du sieur Stephens le privilége de s'en servir, et lui donnant en échange de ce privilége le quart de son propre brevet. J'ai cru devoir rapporter cette anecdote, que je tiens de la bouche d'Oliver Évans, afin de rendre justice à qui elle est due; et parce que je pense que dans l'histoire des arts, on doit s'efforcer de *rendre à César ce qui appartient à César.*

soupape corresponde à l'un d'eux à chaque demi-révolution, et ces deux trous
sont aux extrémités du même diamètre,
de sorte que le centre est entre les deux
trous. Ils communiquent par des tuyaux,
l'un avec la partie supérieure, l'autre avec
la partie inférieure du cylindre. Le troisième trou F communique avec le condenseur, et est percé dans le fond, près
du centre de la boîte. La surface inférieure
du disque est creusée suivant les lignes
ponctuées B, B', B'' et le cercle ponctué,
de manière à communiquer constamment avec le condenseur, et à y pouvoir
faire communiquer alternativement chaque extrémité du cylindre.

La fig. 9 représente la coupe verticale
de cette soupape, suivant l'axe; et la
fig. 10, sa projection horizontale. $A$ est
l'ouverture par laquelle la vapeur traverse la soupape; et $BB'B''$ (représentés par
les lignes ponctuées dans la projection
horizontale), l'espace évidé dans la partie inférieure du disque; cet espace com-

munique constamment avec le condenseur par l'ouverture pratiquée, dans le
fond, à la distance $B'$ du centre.

Les fig. 11 et 12 représentent le fond
de la boîte à vapeur ; l'ouverture $a$ communique avec la partie supérieure du
cylindre, et l'ouverture $a'$ communique
avec la partie inférieure du même cylindre, enfin l'ouverture $f$ communique
avec le condenseur.

Supposons maintenant que les deux
*argots BB*, fig. 11 et 12, soient enlevés
de manière que la soupape, fig. 9 et 10,
puisse se placer à plat sur le fond de la
boîte à vapeur, et qu'on l'y fasse tourner
dans le sens qu'indique la flèche; il est clair
que, lorsque l'ouverture $A$ de la soupape
commence à ouvrir la communication
avec le haut du cylindre, par l'ouverture $a$ du fond de la boîte à vapeur, la
partie évidée de la soupape ouvre au
même moment le trou $a'$, et établit ainsi
la communication entre le bas du cylindre et le condenseur ; la vapeur entre

dans le cylindre jusqu'à ce que le point $c$ de la soupape arrive au point $d$ de l'ouverture de la boîte à vapeur. La communication entre la chaudière et le cylindre a lieu pendant un espace qui est à la longueur de la course comme la somme de la longueur des trous $A$ et $a$, ou A et $a'$, est à la demi-circonférence du cercle dont le rayon est $CA$. Aussitôt que la partie pleine de la soupape arrive assez loin pour boucher le trou dans le fond, l'introduction de la vapeur est interrompue, et la portion de vapeur déjà introduite agit par sa force expansive seulement, pendant le restant de la course du piston. Lorsque le piston arrive au bas de sa course, les communications s'ouvrent en sens opposés, par le seul fait de la continuation du mouvement de la soupape; et l'opération continue ainsi tout le temps que l'arrivée de la vapeur a lieu.

Il faut faire attention de donner à la partie solide $be$ de la soupape, assez d'étendue pour couvrir entièrement chacun des trous du fond de la boîte à vapeur; sans cette précaution, la vapeur trouverait une communication directe de la chaudière au condenseur, ce qui causerait une perte de vapeur plus ou moins considérable; et il pourrait arriver que cette perte fût assez grande pour arrêter entièrement la machine.

Mais il ne suffit pas de pouvoir admettre la vapeur dans le cylindre, alternativement en dessus et en dessous du piston, et de l'en retirer ensuite pour la conduire au condenseur; il faut encore pouvoir régler à volonté la portion de la course du piston pendant laquelle on veut que la vapeur soit introduite. Le moyen pratiqué par Oliver Évans ne me paraît pas tout-à-fait ce que l'on pourrait désirer de mieux à cet égard. Le mécanisme qu'il employait pour cet objet passait à travers la partie supérieure de la boîte à vapeur, et tournait avec la soupape; ce procédé offrait ainsi le double inconvénient de ne pas intercepter très parfaitement la vapeur au moment désiré, et de rendre nécessaire l'emploi d'une boîte à étoupes pour empêcher la perte de la vapeur par l'ouverture qui lui servait de passage.

En réfléchissant sur ces inconvéniens, et en conférant, sur la manière d'y remédier, avec mon ami M. Barnet fils, jeune homme aussi intelligent que modeste, il m'a suggéré une idée qui me paraît devoir remplir parfaitement le but que nous nous étions proposé. C'est ce que je vais expliquer.

Ce procédé consiste à laisser deux argots *BB*, fig. 11 et 12, sur le fond de la boîte à vapeur, et aux parties antérieures des ouvertures qui le traversent pour conduire la vapeur au cylindre; ces argots *BB*, ayant exactement la largeur de l'ouverture, doivent former corps avec le fond de la boîte; un autre fond mobile, fig. 14, portant également trois ouvertures qui correspondent aux ouvertures du fond fixe, est placé sur le premier, de manière que les argots du fond fixe entrent dans les ouvertures du fond mobile, et viennent affleurer sa surface supérieure. Les ouvertures du fond mobile sont plus longues dans le sens de la circonférence du cercle, que celles du fond fixe, et seulement assez larges dans le sens du rayon, pour que les argots les remplissent très exactement. Il est clair qu'en tournant ce fond mobile, de manière à agrandir ou à raccourcir la distance *mo*, on augmente ou on diminue la portion de révolution pendant laquelle la vapeur entrera dans le cylindre. On peut même, en les rapprochant jusqu'au contact, intercepter entièrement l'entrée de la vapeur; de façon que le fond mobile remplacera le robinet d'introduction, et rendra inutile toute ouverture dans le tuyau à vapeur, entre la chaudière et la soupape tournante, excepté celle où est placée la soupape de sûreté.

La construction de cette boîte à vapeur

pourrait peut-être offrir quelques difficultés; M. Hoyau, ingénieur mécanicien, rue Saint-Martin, n° 299, à qui j'en ai parlé, pense que l'on pourrait faire le fond mobile plus épais, y pratiquer une rigole annulaire aussi profonde que l'épaisseur que doit avoir ce fond quand il sera achevé, et laisser sur le fond fixe un anneau en relief qui entrerait dans la rigole annulaire du fond mobile; après les avoir bien rodés ensemble, on coupera l'anneau du fond fixe, excepté les parties qui doivent former les argots, et l'on soudera dans la rigole du fond mobile des morceaux de cet anneau, pour remplir les parties qui doivent être pleines. Après quoi, on diminuera l'épaisseur du fond mobile, en ôtant de sa surface supérieure, jusqu'à ce que l'on parvienne à ouvrir les trous qui restent dans la rigole.

Des mécaniciens habiles trouveront peut-être des moyens plus faciles dans la pratique; il suffit, quant à présent, de savoir qu'il n'est pas impossible d'exécuter la pièce que je propose.

Un canon *gg*, fig. 13, attenant au fond mobile, embrasse l'axe vertical de la soupape tournante, et traverse avec lui le fond fixe; ce canon, taillé à six pans dans sa partie inférieure, reçoit le manche *GH*, qui est maintenu en place par l'écrou *I*. Le manche *GH* sert à tourner le fond mobile, pour régler l'admission de la vapeur, ou même pour l'intercepter entièrement à volonté, en le tournant selon l'une ou l'autre direction, dans le sens horizontal. Il n'est pas besoin de boîte à étoupes à la sortie de l'axe vertical ni du canon, puisque la partie pleine de la soupape tournante, entre le trou qui va au condenseur et l'axe, empêche la vapeur d'arriver jusque-là.

Une bande métallique, dont on voit le développement fig. 15, embrasse une partie de la circonférence extérieure du fond de la boîte à vapeur; elle porte dans son bord supérieur plusieurs entailles pour recevoir un loquet $h$, à ressort $i$, que porte le manche.

La distance entre les entailles est telle, que l'ouverture intérieure admettra la vapeur dans le cylindre pendant $\frac{1}{8}$, $\frac{3}{16}$, $\frac{1}{4}$, etc. de la course, suivant que le loquet sera placé dans l'une ou dans l'autre. Ces divisions peuvent suivre toute autre progression, à la volonté du constructeur.

Cette soupape tournante a bien quelque analogie, dans son opération, avec la boîte à tiroir de Martin; mais elle me semble préférable, en ce qu'il est plus facile et plus simple de donner à une pièce de mécanisme un mouvement de rotation continu, qu'un mouvement rectiligne alternatif; et le contact de deux surfaces qui se frottent toujours dans le même sens, doit, ce me semble, rester plus parfait que dans l'autre cas. Un autre avantage, et peut-être le plus important de tous, consiste à pouvoir régler à volonté, et sans arrêter la machine, la portion de la course pendant laquelle la vapeur est admise.

### Du manomètre.

Comme la soupape de sûreté ne marque que le maximum de la force expansive de la vapeur contenue dans la chaudière, et comme, d'ailleurs, il serait possible que la cohésion des surfaces empêchât cette soupape de se soulever au moment où elle le ferait si elle n'était retenue que par le poids dont on la charge, il est prudent autant que commode d'adapter à la chaudière un manomètre qui indique à chaque instant la force expansive de la vapeur.

Cet instrument n'est autre chose que l'appareil de Mariotte pour la détermination de la loi de la compression de l'air; il se compose d'un fort tube de verre recourbé (fig. 16), dont la longue branche est hermétiquement fermée à l'extrémité *B*, et dont la branche la plus courte porte une boule ou un renflement

12.,

*A*, assez considérable par rapport au diamètre du tube. On place ce tube dans une position verticale, et l'on introduit du mercure jusqu'à ce que la boule soit pleine. Cela fait, on établit une communication entre l'intérieur de la chaudière et la surface supérieure du mercure, de sorte qu'au fur et à mesure que la vapeur se forme dans la chaudière, elle presse sur le mercure et le force à monter dans la branche fermée du tube, en comprimant l'air qui s'y trouve. Le ressort d'une même quantité d'air sec est toujours en raison inverse du volume qu'il occupe, tant que la température de l'espace qui le renferme ne change pas. Mais en déterminant l'échelle de cet instrument, il faut ajouter à la quantité que donne ce calcul le poids d'une colonne de mercure dont la hauteur est égale à la différence des niveaux dans les deux branches, pour trouver l'effort réel de la vapeur. On peut éviter ce calcul en plaçant la longue branche du manomètre dans une position presque horizontale, de sorte que la hauteur de la colonne de mercure soutenue, ne fasse pas une différence sensible dans le volume d'air. Les divisions dans la figure sont faites sans avoir égard à cette considération, et les numéros indiquent le nombre d'atmosphères auquel la pression équivaut. On conçoit qu'en faisant le tube plus long, on augmentera la longueur des divisions, et qu'on pourrait marquer même jusqu'aux livres, surtout dans les pressions inférieures.

Il faut placer la boule à neuf ou dix pouces au moins au-dessus de la courbure, et étendre la petite branche du tuyau quelques pouces plus haut encore, avant de lui donner la direction de la chaudière, afin que la colonne de mercure, dans la petite branche, fasse toujours équilibre à l'élasticité de l'air renfermé dans la grande branche, même dans le cas où le vide viendrait à se former dans la chaudière; ou bien on peut suppléer à cette construction en adaptant au tuyau qui conduit la vapeur de la chaudière au manomètre, un robinet que l'on aura toujours soin de fermer toutes les fois qu'on arrêtera la machine. Sans l'une ou l'autre de ces précautions, on court risque de voir perdre à cet instrument toute son exactitude, soit par l'entrée dans la chaudière d'une partie du mercure, soit en perdant une portion de l'air de la grande branche à travers le mercure. Ce tube peut être très petit intérieurement; il faut seulement avoir soin d'éviter que l'attraction capillaire ne devienne trop sensible.

*Des moyens de déterminer la hauteur d'eau dans la chaudière.*

On a employé plusieurs moyens pour reconnaître la hauteur de l'eau dans la chaudière, afin de pouvoir en régler l'introduction : 1° le *flotteur,* qui est surmonté d'une tringle passant à l'extérieur par une boîte à étoupes, et tenant, par son extrémité supérieure, à un levier, lequel porte un contre-poids suffisant pour vaincre le frottement qu'éprouve la tringle dans la boîte à étoupes; 2° deux robinets placés, soit dans un des côtés de la chaudière, soit dans un de ses fonds, l'un au-dessus du niveau que l'eau doit avoir, l'autre un peu au-dessous de ce même niveau. Si, en ouvrant le robinet supérieur, il en sort de l'eau, on sait qu'il y en a trop dans la chaudière; si, au contraire, il sort de la vapeur par le robinet inférieur lorsqu'on l'ouvre, cela prouve que l'eau est en trop petite quantité, et on en diminue ou on en augmente l'introduction en conséquence. L'un et l'autre de ces moyens ont leurs inconvéniens : le premier, celui de donner peu de certitude à l'observation, à cause du balancement continuel du levier, tant que l'eau de la chaudière est en ébullition; et d'ouvrir une issue de plus à la vapeur, par où elle s'échappe si l'on n'a pas soin de bien serrer la boîte à étoupes; et, dans ce cas, le frottement de la tige sera plus considérable et augmentera l'incertitude de l'appareil. Le second moyen présente l'inconvénient d'exiger trop d'attention de la part de l'ingénieur ou du chauffeur; s'ils négligent pendant un certain temps d'ouvrir les robinets pour vérifier l'état de l'eau intérieure, la chaudière pourrait se remplir ou se vider presque entièrement avant que l'on ne s'en aperçût; ce qui entraînerait une suspension momentanée dans l'opération de la machine, s'il n'en provenait pas d'accidens plus graves encore.

Un troisième moyen, qui me semble devoir être exempt de tous ces inconvéniens, consiste à remplacer les deux robinets par deux ajustages $a$, $a'$, *fig.* 17, courbés et placés de manière que leurs ouvertures extérieures se regardent, et soient distantes l'une de l'autre de trois ou quatre pouces; on introduit dans ces ouvertures un fort tube de verre, $b$, de petit calibre, et on l'assujettit solidement par ses deux extrémités avec un mastic;

de cette façon, la pression étant égale de part et d’autre, l’eau dans le tube indique constamment, et d’une manière certaine, le niveau de l’eau dans la chaudière.

J’ignore à qui la première application de ce simple principe d’hydrostatique est due, mais elle me paraît très heureuse et mériter d’être connue et pratiquée davantage, si toutefois on n’y trouve pas d’inconvéniens que je n’aurais pas prévus.

## Du modérateur.

Dans l’application de la machine à vapeur au mouvement des bateaux, des moulins à blé, des scieries, des machines hydrauliques,... il n’est pas indispensablement nécessaire d’avoir une exacte uniformité de mouvement ; mais s’il s’agissait de l’appliquer à une filature ou à un autre objet, où cette uniformité deviendrait une condition de première importance, il faudrait adapter au tuyau qui conduit la vapeur de la chaudière à

la boîte à vapeur, un robinet auquel serait appliqué un modérateur à force centrifuge, fig. 18, jusqu'à ce que l'on parvienne à découvrir quelque moyen plus
parfait pour remplir le même but. Je
dis *plus parfait,* parce que ce mécanisme,
quelque ingénieux qu'il soit, a l'inconvénient assez grave de ne pas donner un
mouvement aussi régulier que l'on pourrait le désirer. En effet, il est reconnu
que les forces centrifuges de deux masses
égales, accomplissant leurs révolutions
autour d'un point en temps égaux, sont
entre elles comme les rayons des cercles
décrits; d'où il suit que, si les deux
boules du modérateur ont une vitesse de
révolution telle, que la force centrifuge
qui tend à les écarter, fasse exactement
équilibre à la pesanteur qui tend à les
maintenir dans leurs fourches ( vues en
plan, fig. 19), elles y resteront en contact, mais sans exercer aucune pression.
Si l'on augmente maintenant la vitesse,
d'une quantité aussi petite que l'on vou-

dra, les deux boules s'éloigneront l'une de l'autre, et leur tendance à s'éloigner augmentera au fur et à mesure que la distance qui les sépare devient plus considérable, tant que la révolution a lieu dans le même temps. Supposons - les éloignées à une distance double de leur distance primitive, et qu'elles se meuvent dans le même temps périodique que dans leur première position ; leur tendance à s'écarter sera double ; il faudra donc diminuer la vitesse de moitié, pour rétablir l'équilibre entre la force centrifuge et la pesanteur ; et une diminution de vitesse encore plus considérable est nécessaire pour faire retomber les boules. La vitesse oscillera donc entre le plus et le moins, et la machine est d'autant plus parfaite que les deux limites sont plus rapprochées l'une de l'autre. Il s'ensuit que le modérateur n'est qu'un palliatif au mal, mais un palliatif dont il faut se contenter jusqu'à ce qu'on trouve quelque chose de mieux.

### *Du volant.*

Pendant un grand nombre d'années, après l'invention de la machine à vapeur, on ne connaissait pas, ou l'on n'appliquait pas à cette machine, de moyen de transformer le mouvement rectiligne alternatif du piston, en mouvement circulaire continu. On conçoit combien son usage devait alors être restreint. En effet, elle ne pouvait guère servir qu'aux épuisemens d'eau par le moyen de la pompe foulante, ou aspirante et foulante. Enfin, par un de ces traits de lumière qui font également honneur à l'individu et à son siècle, le célèbre Watt imagina de faire tourner une manivelle par le moyen d'une bielle qui serait attachée au balancier de la machine. Mais comme l'angle que forme la bielle avec la manivelle change à chaque instant de sa révolution, l'effort de la bielle sur la manivelle, dans le sens du mouvement, varie aussi continuellement depuis l'angle droit, où cet effort est à son maximum, jusqu'au point où il devient nul, la ligne milieu de la bielle passant alors par le centre de l'axe de rotation. Ici le mouvement de rotation cesserait, si l'on n'avait soin d'appliquer sur l'axe de la manivelle, un volant qui fasse passer ce point en vertu du mouvement acquis. Le volant n'est donc, à proprement parler, qu'un *réservoir de forces vives;* il en reçoit de la machine dans certains instans de sa révolution, pour les transmettre aux corps résistans pendant le temps que la machine n'agit pas sur lui; il n'augmente pas la force effective de la machine, il la diminue, au contraire, d'une quantité composée du frottement qu'éprouve son axe, et de la résistance du milieu dans lequel il se meut; il n'agit qu'en vertu de son inertie (1), et

_______________

(1) On appelle *inertie* cette tendance qu'ont tous les corps de persister dans leur état actuel de mouvement

c'est cette propriété qui le rend propre à régulariser le mouvement de la machine à vapeur. Plus le volant est pesant et sa vitesse grande, par rapport à la force de la machine, moins il y aura d'irrégularité dans son mouvement; parce que la quantité de force vive qui lui est communiquée par la bielle dans des conditions favorables, et qu'il communique à son tour à la résistance, devient plus petite par rapport à celle dont le volant est animé. Mais il y a des limites à la grandeur du volant, tant à cause des frais de construction, qu'à cause du frottement qu'éprouve l'axe de rotation et qui augmente avec le poids; et comme le moment d'un volant, ou l'effet dyna-

---

ou de repos jusqu'à ce que quelque cause étrangère les en tire; on donne le nom de *force d'inertie* d'un corps à la quantité de force qu'il faudrait employer pour arrêter ce corps s'il était en mouvement, ou pour lui imprimer ce même mouvement s'il était en repos. Cet effort se mesure en multipliant la masse du corps par le carré de la vitesse qu'il s'agit de donner ou d'anéantir.

mique dont il est capable, est en raison de sa masse multipliée par le carré de sa vitesse, il y a plus d'avantage, comme le fait observer très judicieusement M. Hachette (1), à augmenter la vitesse que la masse; d'autant plus que, suivant les expériences de Coulomb (2), la vitesse n'augmente pas le frottement des axes, mais qu'elle tend au contraire à le diminuer, si l'on emploie le *suif* pour enduit. On peut augmenter la vitesse du volant de deux manières, soit en lui faisant faire un plus grand nombre de révolutions dans un temps donné, soit en augmentant son diamètre, éloignant ainsi la masse de son poids du centre, et lui faisant parcourir une plus grande distance à chaque révolution. Chacun de ces moyens peut avoir ses avantages, suivant les localités.

---

(1) Traité élémentaire de Mécanique, 2ᵉ édition page 221.

(2) Théorie des Machines simples, page 142.

M. Hachette, dans l'ouvrage précité, dit : « On donne comme règle de pratique, que, dans une machine de rotation, le rayon du volant doit être 4 à 5 fois plus grand que celui de la manivelle ; admettons que le poids de ce volant soit tel, que la puissance motrice cessant d'agir, et le volant faisant une révolution entière avec la vitesse acquise en cet instant, son effet dynamique pendant cette révolution soit égal à celui de dix coups de piston, nombre de coups nécessaire pour obtenir cinq tours de l'arbre-tournant de la machine ; abstraction faite du système de corps mis en mouvement par cet arbre-tournant, le volant conduit seul cet arbre, lorsque la bielle approche des deux positions où elle se trouve dans la direction du rayon de la manivelle. Supposons qu'à droite et à gauche de chacune de ces positions, le volant fasse faire $\frac{1}{16}$ de tour à l'arbre, et en somme $\frac{1}{8}$ de tour ; puisqu'il est capable en cet instant d'un effet dynamique équivalent à celui qui produirait cinq révolutions entières, il ne perdra, pendant la durée de $\frac{1}{8}$ de tour, que la $40^e$ partie de l'effet dynamique total dû à sa masse et à sa vitesse. Or, cette perte n'altérera pas sensiblement l'uniformité de son mouvement; et d'ailleurs on doit ajouter à l'effet du volant celui de tous les corps du système mobile dont il fait partie; d'où il suit qu'en déterminant la masse du volant par un effet dynamique connu, on pourra toujours satisfaire à la condition principale de régulariser le mouvement de rotation de l'arbre-tournant. »

*Buchanan* donne la règle suivante pour la détermination du poids d'un volant dont la vitesse est connue, ainsi que la force de la machine à laquelle il doit être appliqué (1) : *Multipliez le nombre de chevaux que représente la machine par* 2000, *et divisez le produit par le carré*

--------

(1) Treatise on Steam boats, page 181.

*de la distance, en pieds, parcourue par un point de la circonférence dans une seconde; le quotient sera le nombre de quintaux que doit avoir le volant.*

On conçoit que cette règle ne saurait donner qu'une approximation assez grossière, à moins que tous les volans auxquels elle serait appliquée ne soient exactement symétriques. En effet, pour trouver précisément l'effet dynamique d'un volant, il ne suffit pas de connaître son diamètre et son poids, ainsi que le nombre de tours qu'il fait dans un temps déterminé; mais il faut encore le diviser en autant de secteurs qu'il a de rayons matériels et pesans, déterminer le centre de gravité de chacun de ces secteurs, et leur distance moyenne au centre de rotation; c'est à cette distance moyenne, qu'on pourrait peut-être appeler *cercle de gravité*, et non à la circonférence, qu'il faudrait rapporter tous les calculs relatifs à la vitesse du volant.

En faisant attention à cette considération, on peut employer le calcul suivant de M. Hachette (1) : « Pour trouver la relation entre la pression sur la base du piston, la vitesse et la course du piston d'une part, et, de l'autre part, la masse, la vitesse et le diamètre du volant :

» Prenant pour unité de temps la durée de la course du piston ; soit $l$ cette course, $b$ la base du piston, $p$ la pression sur l'unité de surface. L'effet dynamique du piston pendant une course sera la pression $pb \times$ la course $l$, on $pbl = \frac{1}{4} pl\pi d^2$, $d$ étant le diamètre du piston ou de sa base $b$, et $\pi$ le rapport de la circonférence au diamètre.

» Le diamètre de la manivelle du volant étant égal à la course $l$ du piston, soit $D$ le diamètre de ce volant, $\pi D$ sa circonférence, et $M$ sa masse qu'on suppose distribuée uniformément sur cette

(1) Traité élémentaire des Machines, 2ᵉ édition page 221, *note*.

13..

circonférence. Un point de cette masse décrit la demi-circonférence $\frac{\pi D}{2}$, pendant l'unité de temps, durée de la course du piston.

» La formule du mouvement des corps graves $u = \sqrt{2gh}$, donne pour la hauteur $h$ génératrice de la vitesse $u$, $h = \frac{u^2}{2g}$, la seconde étant l'unité de temps. Soit $n$ le nombre de tours du volant en $1'$ ou $60''$, et $2n$ le nombre de courses du piston dans le même temps ; la durée d'une course de piston sera $\frac{60''}{2n}$, et l'on aura la vitesse $u$, en $1''$, d'un point de la circonférence du volant, par la proportion suivante :

$$\frac{60''}{2n} : \frac{\pi D}{2} :: 1'' : u = \frac{\pi D . n}{60};$$

l'effet dynamique du volant en $1''$ sera donc $\frac{M. \, u^2}{2g}$ ou $\frac{M. \pi^2 D^2 n^2}{60^2 . \times 2g}$, et pendant la durée $\frac{60''}{2n}$ d'une révolution entière, double de celle d'une course de piston, cet effet sera

$$\frac{M\pi^2 D^2 n^2}{60^2 \times 2g} \times \frac{60}{n} = \frac{M.\pi^2 D^2 n}{120g};$$

pour qu'il soit équivalent à celui qu'on obtient par dix coups de piston, il faut qu'on ait

$$\frac{M.\pi^2 D^2 n}{120g} = 10\,pl\,\frac{\pi d^2}{4},$$

d'où l'on tire

$$M = \frac{300glp.d.^2}{\pi n D^2};$$

et si l'on suppose $D = 5l$, c'est-à-dire le diamètre du volant 5 fois celui de la manivelle, on a

$$M = \frac{12gp}{\pi nl}.\,d^2.\,\text{»}$$

Ceux qui désirent avoir des notions plus étendues à ce sujet, trouveront un travail précieux sur le volant dans les excellentes notes de **M.** Navier à la nouvelle édition du premier volume de l'Architecture Hydraulique de Bélidor, pages 384 et suivantes, où cet ingénieur a traité la question avec toute la clarté qu'on lui connaît, et tous les détails que l'on peut désirer.

M. Borgnis a rapporté une grande partie de ce travail de M. Navier, dans sa *Théorie de la Mécanique usuelle*.

# NOTES

# DU TRADUCTEUR.

### Note *a*, *page* 42.

Je crois devoir joindre la note suivante, tirée du *Traité de physique expérimentale et mathématique* de M. Biot, vol. 1, p. 530 et 531. — Paris, 1816. — 4 vol. in-8°.

### *Table d'élasticité de la vapeur.*

« Cette table a été calculée par M. Pouillet, d'après la formule que j'ai déduite des expériences de M. Dalton. On ne l'a pas poussé au-delà de 130°, parce qu'elle aurait pu devenir fautive. En effet, de pareilles formules ne sont jamais que des approximations dans lesquelles on ne comprend que les termes qui sont sensibles avec les expériences que l'on compare. Il ne faut donc pas les transporter indiscrètement à d'autres limites plus éloignées que ces observations ne comprendraient pas, puisque les termes négligés pourraient alors acquérir une influence qu'on ne leur avait pas reconnue, et leur absence occasionnerait de grandes erreurs. Ici, par exemple, si l'on voulait pousser la formule jusqu'à 200°, on trouverait que la force élastique cesse d'augmenter, et même finit par décroître. Mais cela signifie seulement qu'en satisfaisant aux premières observations, on a négligé des termes auxquels il faudrait avoir égard pour s'élever à de si hauts degrés. On remédierait à ce défaut si l'on avait des tentions observées vers ces degrés-là; car on y plierait la formule en y ajoutant un terme en $n^4$, qui serait insensible dans les degrés inférieurs. Mais, à défaut de pareilles observations, nous avons borné la formule à l'étendue que comportent les expériences de M. Dalton. »

La table suivante doit être considérée comme le résultat exact des expériences de M. Dalton, plutôt que comme une déduction d'une formule algébrique, fondée elle-même sur ces expériences. Cette table est d'ailleurs défectueuse au-delà de 100 degrés. M. Laplace, qui a traité ce sujet avec la supériorité qui distingue tous ses travaux, est parvenu à la formule suivante : *la force expansive de la vapeur, est*

$$f = 0{,}76 \times 10^{\; i\, 0{,}0154547 \;-\; i^2\, 0{,}0006258206}$$

$i$ est le nombre de degrés centigrades comptés au-dessus de 100 (au-dessous de 100 $i$ est négatif), et $f$ est exprimé en mètres de mercure soutenu dans le tube barométrique; on déduit les résultats suivans de cette formule :

163° centig. donnent une force élastique $=5$ atmosphères
152. . . . . . . . . . . . . . . . . . . . . . 4
139. . . . . . . . . . . . . . . . . . . . . . 3
122. . . . . . . . . . . . . . . . . . . . . . 2
100. . . . . . . . . . . . . . . . . . . . . . 1
82,5. . . . . . . . . . . . . . . . . . . . . . ½

*Force élastique de la vapeur d'eau, évaluée en millimètres pour chaque degré du thermomètre centigrade.*

| DEGRÉS. | TENSION. | DEGRÉS. | TENSION. | DEGRÉS. | TENSION. |
|---|---|---|---|---|---|
| —20 | 1.333 | 14 | 12.087 | 48 | 80.195 |
| —19 | 1.429 | 15 | 12.837 | 49 | 84.370 |
| —18 | 1.531 | 16 | 13.630 | 50 | 88.742 |
| —17 | 1.638 | 17 | 14.468 | 51 | 93.301 |
| —16 | 1.755 | 18 | 15.353 | 52 | 98.075 |
| —15 | 1.879 | 19 | 16.288 | 53 | 103.06 |
| —14 | 2.011 | 20 | 17.314 | 54 | 108.27 |
| —13 | 2.152 | 21 | 18.317 | 55 | 113.71 |
| —12 | 2.302 | 22 | 19.417 | 56 | 119.39 |
| —11 | 2.461 | 23 | 20.577 | 57 | 125.31 |
| —10 | 2.631 | 24 | 21.805 | 58 | 131.50 |
| —9 | 2.812 | 25 | 23.090 | 59 | 137.94 |
| —8 | 3.005 | 26 | 24.452 | 60 | 144.66 |
| —7 | 3.210 | 27 | 25.881 | 61 | 151.70 |
| —6 | 3.428 | 28 | 27.390 | 62 | 158.96 |
| —5 | 3.660 | 29 | 29.045 | 63 | 166.56 |
| —4 | 3.907 | 30 | 30.643 | 64 | 174.47 |
| —3 | 4.170 | 31 | 32.410 | 65 | 182.71 |
| —2 | 4.448 | 32 | 34.261 | 66 | 191.27 |
| —1 | 4.745 | 33 | 36.188 | 67 | 200.18 |
| 0 | 5.059 | 34 | 38.254 | 68 | 209.44 |
| 1 | 5.393 | 35 | 40.404 | 69 | 219.06 |
| 2 | 5.748 | 36 | 42.743 | 70 | 229.07 |
| 3 | 6.123 | 37 | 45.038 | 71 | 239.45 |
| 4 | 6.523 | 38 | 47.579 | 72 | 250.23 |
| 5 | 6.947 | 39 | 50.147 | 73 | 261.43 |
| 6 | 7.396 | 40 | 52.998 | 74 | 273.03 |
| 7 | 7.871 | 41 | 55.772 | 75 | 285.07 |
| 8 | 8.375 | 42 | 58.792 | 76 | 297.57 |
| 9 | 8.909 | 43 | 61.958 | 77 | 310.49 |
| 10 | 9.475 | 44 | 65.627 | 78 | 323.89 |
| 11 | 10.074 | 45 | 68.751 | 79 | 337.76 |
| 12 | 10.707 | 46 | 72.393 | 80 | 352.08 |
| 13 | 11.378 | 47 | 76.205 | 81 | 367.00 |

| DEGRÉS. | TENSION. | DEGRÉS. | TENSION. | DEGRÉS. | TENSION. |
|---|---|---|---|---|---|
| 82 | 382.38 | 98 | 707.63 | 114 | 1209.90 |
| 83 | 398.28 | 99 | 733.46 | 115 | 1247.81 |
| 84 | 414.73 | 100 | 760.00 | 116 | 1286.51 |
| 85 | 431.71 | 101 | 787.27 | 117 | 1325.98 |
| 86 | 449.26 | 102 | 815.26 | 118 | 1366.22 |
| 87 | 467.38 | 103 | 843.98 | 119 | 1407.24 |
| 88 | 486.09 | 104 | 873.44 | 120 | 1448.83 |
| 89 | 505.38 | 105 | 903.64 | 121 | 1491.58 |
| 90 | 525.28 | 106 | 934.81 | 122 | 1534.89 |
| 91 | 545.80 | 107 | 966.31 | 123 | 1578.96 |
| 92 | 566.95 | 108 | 994.79 | 124 | 1623.67 |
| 93 | 588.74 | 109 | 1032.04 | 125 | 1669.31 |
| 94 | 611.18 | 110 | 1066.06 | 126 | 1715.58 |
| 95 | 634.27 | 111 | 1100.87 | 127 | 1762.56 |
| 96 | 658.05 | 112 | 1136.43 | 128 | 1810.25 |
| 97 | 682.59 | 113 | 1171.78 | 129 | 1858.63 |
|  |  |  |  | 130 | 1907.67 |

Note *b*, sur l'article IV, *page* 50.

On est convenu aujourd'hui d'appeler *combustion* l'action de la combinaison de l'oxigène avec un corps quelconque ; l'auteur paraît n'avoir attaché à ce mot que l'idée de la combinaison produite par l'action du feu sur les corps qui l'alimentent. Cette acception, au reste, ne change rien à la chose, dès qu'on l'entend.

Mais il a tort de supposer que la combustion soit la seule cause des développemens de chaleur, même en donnant à l'acception du mot *combustion* toute l'extension dont elle est susceptible ; car, « deux ou plusieurs » corps qui se combinent donnent toujours lieu à un

» changement de température. *La température s'élève*
» *constamment dans le cas où la combinaison est intime,*
» *et s'abaisse quelquefois dans le cas contraire* (1). » Et
des mélanges du gaz hydrogène avec le chlore, et de ce
dernier corps avec l'azote, produisent, dans des circonstances qui favorisent leur rapide combinaison, des
effets prodigieux (2), et un grand dégagement de calorique. On peut également en produire un dégagement
considérable par le frottement, ou par la percussion;
l'action de l'oxigène n'entre pour rien dans aucun de ces
phénomènes; il n'y a donc point de combustion.

Il me semble aussi que l'auteur est dans l'erreur
lorsqu'il suppose que la chaleur dégagée se dissipe dans
l'air *pour y devenir latente.* Il me paraît plus probable
qu'elle y reste en état de chaleur sensible, quoique
étant répandue sur une très grande masse d'air ; son
effet sur nos instrumens devient seulement insensible,
de même que l'eau d'un fleuve qui se jette dans l'Océan
ne produit aucun effet appréciable sur la masse d'eau
qui s'y trouve déjà; mais elle ne cesse pas pour cela
d'exister dans l'état liquide.

La loi de *Boyle* ou de *Mariotte* est fondée sur des
expériences faites sur l'air sec, et il est évident que
celles dont parle l'auteur auraient été faites sur de l'air
humide, puisqu'on a trouvé de l'eau au fond du cylindre qui a servi aux expériences. Or, lorsque l'air est
mêlé avec de l'eau en état de vapeur, la force élastique

---

(1) Thenard, *Traité de Chimie*, vol. 1, pag. 107, 3ᵉ édition.
(2) *Idem*, page 206 et suivantes.

du mélange est égale à la tension de la vapeur dans le vide, plus la force élastique de l'air sec, prises séparément. ( *Physique expérimentale et mathématique* de Biot, tom. pag. 304. )

D'après cela, on peut expliquer le phénomène dont parle l'auteur, de la non-concordance de l'expérience avec cette loi, sans avoir recours à la supposition « que l'air n'est pas un fluide élastique permanent. » Posons d'abord pour principe qu'un espace donné ne peut contenir qu'une certaine quantité d'eau en état de vapeur, tant que sa température reste la même, et que si l'on en introduit une plus grande quantité, ou, ce qui revient au même, si l'on rétrécit cet espace, la tension de la vapeur n'augmentera pas; mais l'excédant de vapeur, au-delà de ce qui est nécessaire pour maintenir la tension au même degré, se condensera : c'est un principe reconnu de tous les physiciens, et démontré par l'expérience. Cela posé, supposons un cylindre rempli d'air humide, dont la tension soit égale au poids d'une colonne de mercure de 76 centimètres de hauteur; supposons de plus que la tension de la vapeur aqueuse, suspendue dans cette portion d'air, soit à celle de l'air lui-même :: $1 : 75$, ou $\frac{1}{76}$ de la tension totale. Si maintenant on introduit un piston dans le cylindre, et qu'on réduise l'espace occupé par le mélange à la moitié de son volume actuel, le ressort de l'air sera doublé, tandis que celui de la vapeur restera le même; de sorte qu'on aura pour la tension totale dans cette position :

$$75 \times 2 + 1 = 1 \text{ mètre } 51 \text{ centimètres de}$$

mercure, au lieu de 1,52 qu'on aurait si l'on opérait sur l'air sec, dont la tension serait égale à 76 centimètres. Si l'espace était réduit à un quart, cette tension deviendrait :

$$75 \times 4 + 1 = 3 \text{ mètres } 1 \text{ centimètre}$$

au lieu de 3,04 et ainsi de suite.

Quant à l'absorption de calorique par l'eau dans son passage de l'état liquide à l'état de la vapeur, sous une pression moindre que celle de l'atmosphère, des expériences plus récentes paraissent avoir ébranlé la théorie de Black, citée par l'auteur : voici ce que dit M. Thenard à ce sujet.

« Les *différens* liquides, en bouillant ou en passant à l'état de gaz ou de vapeurs, rendent *latentes* différentes quantités de calorique ; ces quantités sont toujours très grandes : l'eau, par exemple, sous la pression de 76 centimètres, en rend *latent* 4. 66 fois autant qu'elle en exige pour passer de 0° à 100°, d'après MM. Clément et Désormes. Si donc l'on fait passer 1 kilog. de vapeur d'eau à 100° à travers 4.66 kilog. d'eau à 0°, il en résultera 5.66 kilog. d'eau à 100°, en supposant qu'il n'y ait point de perte.

» Il était important de rechercher quel effet pouvait produire une pression plus ou moins grande sur la chaleur latente des vapeurs : c'est ce qu'ont fait successivement MM. Sharpe, Southern, Clément et Despretz. Suivant leurs expériences, cet effet serait nul ; c'est-à-dire que, quelle que fût la pression sous laquelle se formerait une vapeur, sa chaleur latente serait toujours la même. Les trois premiers n'ont examiné que la vapeur d'eau ; M. Despretz a examiné en outre les vapeurs d'alcool, d'éther et d'essence de térébenthine. » (*Traité élémentaire de Chimie*, tom. 1, p. 74 et 75, 3e édition. )

Ces expériences, quoiqu'elles tendent à invalider la théorie de l'auteur, ne diminuent pas la bonté de sa machine; en effet, il n'y aurait pas d'avantage à pouvoir réduire l'eau en vapeur avec moins de chaleur, sous une plus grande pression, si l'on employait ensuite cette vapeur à faire monvoir la machine par sa force expansive, puisqu'en se dilatant elle passerait par tous les degrés de tension inférieure à celle qu'elle avait d'abord, et absorberait, à chaque degré, la quantité de calorique propre à ce degré; son affaiblissement serait donc plus rapide en raison de ce qu'elle contiendrait moins de calorique latent dans le principe.

### Note c, page 70.

Il serait peut-être plus juste, et en même temps plus conforme aux lois connues du calorique spécifique, de dire qu'un même volume d'air, quelle que soit sa densité, ne saurait contenir qu'environ la même quantité de calorique latent. Si l'on admet cette hypothèse, on pourra expliquer le phénomène de la manière suivante :

Premier cas. En supposant que dix fois la masse d'air dans son état naturel soit comprimée dans le même espace, comme cet espace ne peut contenir la chaleur latente que d'une seule de ces masses, celle des neuf autres est forcée de devenir sensible, et de se dissiper à travers les parois du récipient, pour rétablir l'équilibre avec l'atmosphère environnante.

Deuxième cas. Lorsque l'équilibre est bien établi par le passage de la chaleur intérieure, devenue sensible, à

l'extérieur où elle s'est répandue, si l'on ouvre le robinet de la machine de compression pour laisser échapper l'excédant d'air qui y est renfermé, comme la portion de chaleur latente restée sous le récipient est
également répandue dans toutes les parties de l'air
qu'il contient, chaque masse d'air, en s'échappant, em-
portera avec elle un dixième de la chaleur latente; de
sorte que, lorsque l'équilibre de pression sera parfaitement rétabli, l'espace contenu sous le récipient aura
perdu les neuf dixièmes de sa chaleur latente; cette
perte est presque immédiatement réparée par le passage
à travers les parois de la quantité de calorique nécessaire au rétablissement de l'équilibre.

Le troisième cas s'explique précisément de la même
manière, car l'effet doit être le même, soit que l'air soit
retenu en excédant dans le récipient, et qu'on ouvre le
robinet pour laisser échapper cet excédant et établir
l'équilibre de pression, soit que cet équilibre ait précédemment lieu, et qu'on retire une portion de l'air intérieur, à l'aide de la machine pneumatique.

Cette explication me paraît plus vraisemblable; mais
elle ne change en rien les principes de sa machine.

## Note *d*, page 82.

Ceci me paraît une erreur, et une erreur qui pourrait produire de graves inconvéniens dans le cas où la
vapeur viendrait à être poussée à la force expansive de
1500 livres par pouce.

En effet, l'effort de la vapeur pour rompre la chaudière est calculé par pouces *carrés*; la force de la barre

de fer qui a servi aux expériences sur la ténacité de ce métal avait un pouce d'*équarrissage ;* mais les boulons à vis sont nécessairement cylindriques, du moins dans la partie qui porte les vis. — C'est donc d'après le pouce *rond* et non sur la force du pouce *carré* que le nombre de ces boulons doit être déterminé.

Pour effectuer ce calcul, on divisera la somme de l'effort sur le fond de la chaudière par $64000 \times 0,7854$, qui représente la surface du cercle inscrit au carré dont la surface est prise pour unité ; ou bien, ce qui revient au même, on multipliera le carré du diamètre de la chaudière par l'effort que supporte chaque pouce de sa surface, et l'on divisera le produit par 64000. Le quotient sera le nombre de boulons cylindriques d'un pouce de diamètre nécessaire pour maintenir le fond en place.

Mais il est probable qu'on n'emploiera jamais une force assez considérable pour rompre le nombre de boulons indiqués par l'auteur, même en ne faisant pas de distinction entre le pouce carré et le pouce rond.

### Note *e*, page 93.

On se rendra peut-être plus facilement raison de cet effet de la dilatation de la vapeur dans le cylindre, en jetant les yeux sur la figure 2, où nous supposons que la force expansive de la vapeur est représentée par la longueur de la ligne $AE$, et la longueur de la course du piston par $AB$, et que l'entrée de la vapeur est interceptée à un tiers de la course, ou après avoir rempli l'espace $ACDE$.

Si la vapeur était admise pendant toute la longueur de

la course, il est clair que nous aurions, pour l'expres-
sion de la force déployée pendant une course de piston
$AE \times AB$; mais l'arrivée de la vapeur étant interceptée
en $CD$, sa densité, et par conséquent sa force expansive va en diminuant, au fur et à mesure que l'espace
qu'elle occupe devient plus considérable.

En partageant chaque tiers de la distance à parcourir
en un certain nombre de parties égales, en huit parties
par exemple, et en considérant l'espace déjà occupé
par la vapeur comme étant aussi divisé en huit parties,
on trouve qu'au fur et à mesure que le piston arrive
en $cd$, $ef$, $gh$, etc. et que l'espace qu'occupe la vapeur
devient ainsi plus grande de $\frac{1}{8}$, de $\frac{2}{8}$, de $\frac{3}{8}$, etc., sa force
expansive devient successivement $\frac{8}{9}$, $\frac{8}{10}$, $\frac{8}{11}$, etc., de
ce qu'elle était dans l'origine, jusqu'à ce qu'enfin elle
parvienne à remplir toute la capacité du cylindre, et
alors sa force expansive n'est plus que $\frac{8}{24}$ ou $\frac{1}{3}$ de sa
force primitive.

Dans la figure nous avons supposé que la force expansive $AE$ était égale à 1000, et alors la force de la vapeur, à chacune des divisions $cd$, $ef$, $gh$, etc. ( si l'introduction de la vapeur est arrêtée en $CD$ ), devient
successivement 829, 800, 727, etc.; rapportant ces
quantités sur chaque ligne de division, et traçant une
ligne par les points où elles tombent, nous aurons la
courbe $CFG$ de décroissement de force élastique, par
l'expansion de la vapeur (1).

---

(1) Cette courbe est une hyperbole équilatère dont $AE$ et $EH$
sont les asymptotes ; puisque de quelque point $s$ de la courbe qu'on
abaisse les perpendiculaires $st$, $sr$, sur les asymptotes, le produit de

Si l'on additionne toutes ces quantités, et qu'à leur somme on ajoute 8000 pour la force déployée pendant l'entrée de la vapeur, on a 16464 pour l'effet total de la course; divisant par 14 (nombre de termes), on a 68.6 pour la force moyenne; ce qui signifie que la force de la machine est de $\frac{686}{1000}$, ou plus des deux tiers de ce qu'elle serait dans le cas où la vapeur serait admise pendant toute la durée de la course; ce qui donne plus de deux fois autant d'effet d'une même quantité de vapeur et au même degré d'expansibilité, en l'employant de cette manière, que si l'on ne ferme l'entrée de la vapeur qu'à la fin de la course.

Ce calcul est fondé sur la supposition que la vapeur suit la même loi que les fluides élastiques permanens; ce qui peut être à peu près vrai dans de certaines limites, et si l'on n'ajoute ni ne retire du calorique, pendant la compression, ni pendant la dilatation de la vapeur.

Mais Woolf a trouvé que la vapeur de l'eau dont la force expansive est capable de soulever la soupape de sûreté chargée d'un nombre $n$ de livres par pouce carré, en sus de la pression atmosphérique, peut se répandre dans un espace $n$ fois aussi considérable que son volume actuel, en conservant, après sa dilatation, une force expansive égale à la pression de l'atmosphère, si toutefois la capacité qui reçoit la vapeur est maintenue à la même température qu'avait la vapeur avant sa dilatation.

---

ces perpendiculaires sera constamment égal à la surface $ACDE$, qui elle-même est égale au carré formé sur les asymptotes à l'origine de la courbe, ce qui répond à l'équation de l'hyperbole équilatère $x\,y = a^2$.

Cette découverte est de la plus haute importance dans l'application de la vapeur comme force motrice, et ne me paraît pas avoir excité toute l'attention qu'elle mérite de la part de ceux qui s'occupent de ce genre de construction. Son savant et ingénieux auteur même ne me semble pas en avoir tiré tout le parti dont elle est susceptible.

En effet, la machine de Woolf, connue en France sous le nom d'*Edwards* (1), se compose de deux cylindres à piston, un petit et un grand; la vapeur ayant une force expansive assez considérable, après avoir fait faire une course au petit piston, passe dans le grand cylindre, où, en se dilatant pour en remplir toute la capacité, elle agit sur le grand piston, d'après le principe de la presse de Pascal; c'est-à-dire, que la force qu'elle déploie à faire marcher le grand piston est à la résistance qu'elle fait éprouver au petit, en raison directe de leurs surfaces respectives.

Afin de maintenir la température intérieure des cylindres toujours au même degré, il emploie une enveloppe ou *chemise* en fonte qui recouvre les deux cylindres, et la vapeur arrivant de la chaudière est reçue d'abord dans l'intervalle qui les sépare; c'est de l'intérieur de cette enveloppe que la vapeur est admise par le régulateur dans le petit cylindre; de cette manière il est sûr que la température de l'intérieur des cylindres sera toujours à peu de chose près la même que celle de l'enveloppe, puisque la chaleur, qui devient latente par

_______________

(1) Voyez pour la description et la gravure de cette machine, le Bulletin de la Société d'Encouragement, décembre 1818.

l'effet de la dilatation de la vapeur dans le grand cylindre, est remplacée par une égale quantité de calorique sensible tiré de la vapeur que contient l'enveloppe; mais ce remplacement de calorique n'a lieu qu'aux dépens de celui qui est contenu dans la chaudière; et nous avons vu (art. 3 et 8) qu'il est très important de tirer de la chaudière la moindre quantité possible de calorique.

Sans avoir la prétention de décider péremptoirement des mérites d'une machine quelconque et des avantages qu'elle peut offrir comparativement avec d'autres machines du même genre, il est permis, je pense, de préférer tel système à tel autre, et d'expliquer les raisons de cette préférence; car, après tout, c'est à l'expérience à prononcer en dernier ressort, et heureusement, l'opinion d'aucun homme ne saurait prévaloir contre ses arrêts...

Je dirai donc que l'idée de Woolf, d'employer deux cylindres de la matière expliquée plus haut, ne me paraît pas très heureuse, parce qu'elle tend à compliquer beaucoup, et à mon avis, très inutilement la machine; or, en mécanique, toute complication inutile est un vice. Le système d'Olivier Évans, de faire entrer et dilater la vapeur dans un même cylindre paraît préférable, puisque par ce moyen on obtient les mêmes avantages de la dilatation (peut-être de plus grands encore) tandis que la machine jouit d'une extrême simplicité, et doit être par conséquent moins dispendieuse à établir et moins sujette à réparations.

Nous avons vu que, dans la machine d'Edwards, la vapeur dilatée dans le grand cylindre ne pouvait acqué-

rir de force qu'aux dépens de celle de la vapeur contenue dans la chemise ou enveloppe, laquelle doit être
employée à faire mouvoir la machine; or, cette vapeur
ne peut céder de son calorique sans s'affaiblir; de sorte
que les avantages que l'on retire de l'augmentation de
la force de cette portion de vapeur, qui sert maintenant,
sont compensés, du moins en partie, par l'affaiblissement de la vapeur qui est destinée à servir plus tard.

Je pense que l'on pourrait remédier à cet inconvénient en remplissant l'intervalle qui sépare l'enveloppe
d'avec le cylindre, d'une huile animale qui ne se ré-
duirait en vapeur qu'à une température bien au-dessus
de celle où l'on emploie la vapeur, et qui maintiendrait
la température intérieure du cylindre au degré convenable.

Cette idée n'est pas neuve. M. Woolf lui-même l'a
proposée et en a pris un brevet en Angleterre, il y a
plusieurs années; mais il paraît que tout l'avantage
qu'il s'en promettait, était celui de n'être pas obligé
d'introduire, dans l'enveloppe de ses cylindres, de la
vapeur d'une grande force expansive, et d'éviter par-là
le danger de l'explosion. M. Woolf a proposé de chauffer
cette huile (ou une substance métallique très fusible
qu'il se proposait de substituer à l'huile dans certains
cas) par un feu séparé d'avec le foyer principal. Mais
il serait peut-être plus avantageux d'adopter à l'extrémité inférieure de l'enveloppe un tuyau qui, après
avoir passé dans le fourneau de la chaudière, serait recourbé et viendrait rejoindre la partie supérieure de
l'enveloppe. De cette manière, l'enveloppe et le tuyau
étant remplis d'huile et le feu étant allumé, il s'établi-

rait un courant dans l'intérieur du tube; l'huile contenue dans cette portion de tube, qui se trouvait
exposée à l'action du feu, deviendrait, par la dilatation, spécifiquement plus légère, et remonterait par
la branche supérieure du tuyau, tandis qu'elle serait
remplacée par une nouvelle quantité arrivant de la
partie inférieure de l'enveloppe. Cet effet continuerait
d'avoir lieu tant que le feu serait entretenu et que
l'huile resterait en état liquide, et cela sans diminuer
sensiblement la quantité de calorique qui s'introduirait
dans la chaudière. Si l'huile se décomposait par l'action
prolongée de la chaleur, il faudrait se ménager le moyen
de la renouveler avant qu'elle devînt trop visqueuse.

Il serait nécessaire d'entourer ce second cylindre d'un
corps non conducteur de calorique; un des meilleurs
moyens serait peut-être de l'enfermer dans un troisième
cylindre de tôle, laissant entre les deux cylindres extérieurs une couche d'air assez épaisse; et enfin d'empêcher qu'il ne s'établît un courant d'air, de fermer hermétiquement le cylindre extérieur, excepté une très
petite ouverture à sa partie supérieure, pour laisser
échapper l'air raréfié et prévenir ainsi tout danger de
voir crever le cylindre.

J'ignore si M. Woolf a réellement employé ce moyen :
il est certain que M. Edwards continue à se servir de la
vapeur pour entourer ses cylindres et en entretenir la
température; je pense cependant qu'un appareil semblable à celui que je viens de décrire, adapté à la machine d'Oliver Evans, serait un perfectionnement extrêmement important. Par ce moyen (et s'il n'y a pas
d'erreur dans l'observation ni dans l'énoncé de la loi

de Woolf sur la force élastique de la vapeur, dilatée dans un milieu dont la température est égale à celle de la capacité qu'elle occupait avant la dilatation), la machine d'Oliver Evans rendrait, à très peu de chose près, autant d'effet par chaque coup de piston, en n'admettant la vapeur dans le cylindre que pendant un tiers ou même un quart de la course, que si elle était admise pendant la course entière, ce qui donnerait trois ou quatre fois autant d'effet pour la même quantité de vapeur.

J'avoue que cette loi paraît extraordinaire, et mériterait bien que les physiciens s'occupassent de la vérifier par de nombreuses expériences, pour la confirmer si on la trouve exacte. C'est une des questions les plus importantes qu'on puisse faire sur cette machine, à laquelle l'Angleterre est redevable d'une si grande portion de sa richesse nationale; machine qui, en Amérique, a rapproché tant de contrées autrefois presque perdues les unes pour les autres, à cause de leur grand éloignement, et de fleuves rapides qui les séparent; machine qui, nous devons l'espérer, est destinée à rendre encore d'importans services à la société entière.

### Note *f,* page 106.

Cette idée me paraît, j'en conviens, extraordinaire; dans l'état actuel de nos connaissances il est difficile de concevoir que l'on puisse faire brûler le feu sans l'intervention de l'air ou de l'oxigène qui en forme une des parties constituantes, et il ne l'est pas moins d'imaginer comment, en se servant de l'air atmosphérique, on peut

parvenir à le forcer à entrer dans la chaudière à travers
le feu et l'eau, malgré la résistance que lui oppose le
fluide élastique qui s'y trouve renfermé ; d'après les
idées généralement reçues, et que je crois fondées, cet
air ne saurait s'y introduire qu'autant que l'action de
la pompe foulante, de dehors en dedans, serait prépon-
dérante sur l'action du fluide élastique contenu dans
la chaudière, de dedans en dehors ; mais il est possible
que je n'aie pas saisi toute la pensée de l'auteur...

## Note *g*, page 135.

Il est assez difficile d'assigner le rapport exact qui
doit exister entre la capacité de la chaudière et celle
du cylindre ; aussi nous voyons qu'Évans n'a donné
aucune règle d'après laquelle on puisse le détruire
d'une manière certaine. En effet, ce rapport sera nécessairement soumis à l'influence de plusieurs causes :
1°. du nombre de coups de piston que porte la machine
pendant un temps donné ; 2°. de la portion plus ou
moins grande de sa course, pendant laquelle la vapeur
est admise dans le cylindre ; 3°. et principalement, de
la manière plus ou moins avantageuse d'appliquer la
chaleur à la chaudière, ou, en d'autres termes, de la
plus ou moins grande rapidité avec laquelle on peut
transformer l'eau en vapeur ; car il est évident que
quelque spacieuse que soit une chaudière, dès que la
quantité de vapeur que l'on en retire excède constamment, d'aussi peu qu'on voudra, la quantité que l'on
peut produire en un espace de temps égal, la force de la
vapeur dans la chaudière doit diminuer continuellement

jusqu'à ce qu'enfin elle devient nulle; et qu'au contraire, quelque petite qu'on suppose la chaudière, si l'on peut créer de la vapeur assez vite pour suppléer à la consommation, la force élastique intérieure restera la même aussi long-temps que l'on voudra. Or, la quantité de vapeur produite ne dépend nullement du volume d'eau contenu dans la chaudière, mais bien de la grandeur de la surface exposée au feu; d'où il suit que la construction du fourneau et la forme de la chaudière doivent influer essentiellement sur la bonne ou la mauvaise qualité de la machine. Il faut cependant faire attention que le volume d'eau dans la chaudière soit tel que la petite portion d'eau introduite pour suppléer à l'évaporation n'influe pas sensiblement sur la température de celle qui s'y trouve déjà. Il est nécessaire aussi que l'espace occupé par la vapeur dans la chaudière soit assez grand pour que la quantité de vapeur que l'on en tire, à chaque coup de piston, ne diminue pas sensiblement la force élastique de celle qui y reste; voilà les deux règles les plus essentielles, j'allais dire les seules nécessaires à observer dans la construction des chaudières des machines à vapeur.

Les chaudières d'Oliver Évans sont bonnes sans doute, puisqu'elles ont reçu la sanction de l'expérience; mais, dans beaucoup de cas, je serais, je l'avoue, assez disposé à donner la préférence à la *forme* de la chaudière de Woolf (ou d'Edwards), sans en employer la substance; car, quoique la fonte soit assez forte pour contenir la force de la vapeur dans les tuyaux de petit diamètre comme les *bouilleurs* de la chaudière de Woolf, j'hésiterais à l'em-

ployer pour la chaudière elle-même, parce que l'on
ne peut pas compter avec assez de certitude sur son
homogénéité, pour pouvoir s'y fier dans les machines
à très forte pression ; et comme un seul accident suf-
firait pour jeter de la défaveur sur un système, quelque bon qu'il puisse être d'ailleurs, aucune précaution ne doit être négligée pour mettre cette machine
à l'abri de tout danger. On doit donner à toutes les
pièces un excès de force, ce que l'on peut faire d'autant plus facilement que leurs dimensions sont plus
petites ; aucune chaudière ne doit être mise en place
sans avoir été éprouvée au préalable, à l'eau froide,
sous une pression au moins décuple de celle que la
vapeur exercera par la suite contre ses parois.

Note h, page 144.

On a objecté aux idées de l'auteur, exprimées dans
cet article, que, d'après les expériences de MM. Bétan-
court et Dalton, la force élastique de la vapeur aqueuse
et celle de l'alcool suivaient la même loi d'accroissement
par l'addition d'égales quantités de calorique, et que
conséquemment il n'y aurait aucun avantage à adopter
le procédé qu'il recommande. A ces objections il a répondu : « On convient que la force élastique de la vapeur spiritueuse à la température de 175 degrés est
égale à 15 livres par pouce carré, et voici comment il
fallait dès lors exprimer l'état de la question.

| VAPEUR AQUEUSE. | | VAPEUR SPIRITUEUSE. | | Diffé-rence de force. |
| Température de | Force élastique en livres. | Température de | Force élastique. | |
| --- | --- | --- | --- | --- |
| | | 175$^e$ + 30 | 15 | |
| 212$^e$ + 30 | 15 | 205 + 30 | 30 | 15 |
| 242 + 30 | 30 | 235 + | 60 | 30 |
| 272 | 60 | 265 | 120 | 60 |

» Tous ceux qui ont fait des expériences à ce sujet conviennent que les deux espèces de vapeur sont soumises à la même loi; c'est-à-dire, que dans de certaines limites, chaque fois que l'on ajoute environ 3o degrés à la température, on double la force élastique de la vapeur. D'après l'échelle ci-dessus, la température de la vapeur spiritueuse est constamment 7 degrés au-dessous de celle de la vapeur aqueuse. Lorsque l'eau est à 212 degrés, et l'alcool à 2o5 degrés, la différence de force élastique est de 15 livres par pouce, et chaque addition de 3o degrés, à la température, double la force élastique de chacune d'elles, *en même temps qu'elle en double la différence ;* de sorte qu'après trois additions chacune de 3o degrés, la différence de force devient 6o livres par pouce ; avec cette force la vapeur spiritueuse s'élèvera avec une grande rapidité, tandis que la vapeur aqueuse sera totalement supprimée. »

# EXPLICATION

*Du moulin à vis pour broyer la pierre à plâtre et autres substances, inventé par l'auteur* (1).

Ce moulin est destiné à concasser la pierre à plâtre et autres substances dures, et à les rendre propres à être pulvérisées par le moulin ordinaire.

La fig. 20 représente une coupe verticale d'un moulin dont la vis est placée horizontalement, position que l'expérience a prouvé être la plus avantageuse.

*AB*, la vis qui, dans une machine capable de concasser quatre milliers de

---

(1) Cette machine est extrêmement importante aux États-Unis, où l'on se sert d'immenses quantités de pierre à plâtre pulvérisée, comme engrais. On y trouve que la cuisson du plâtre diminue de beaucoup les qualités qui le rendent si précieux à l'agriculture. Ce même moulin pourra sans doute être appliqué avec un égal avantage à broyer le plâtre cuit. ( *Note du Traducteur.* )

pierre à plâtre par heure, est faite d'une barre de fer de 5 à 6 pouces de large et d'un pouce et demi d'épaisseur; cette vis doit avoir de 12 à 15 pouces de long, et doit faire quarante révolutions par minute, au-dessus d'une forte grille D, placée au fond d'une trémie bien assemblée et doublée en fer. La face supérieure des barreaux est inclinée du côté de $A$ vers $B$, afin d'empêcher les pierres de glisser trop facilement devant la vis, qui se tourne de manière à les forcer vers B. Chaque barreau forme ainsi une sorte de rabot, et la résistance qu'ils offrent au mouvement de translation, fait presser l'extrémité de la vis contre la plaque d'acier $I$, qui lui sert de crapaudine. De grosses pierres sont jetées dans la trémie, en $C$, et cassées par un gros marteau afin que la vis puisse les saisir; au fur et à mesure que la matière se broie, elle tombe à travers les barreaux dans l'auge $KE$ qui la conduit entre les meules ou dans un élévateur. On peut placer au fond de cette auge un tamis qui permettra le passage à tout ce que la vis aura rendu suffisamment menu. L'auge *F*, placée au‑dessous de la première, recevra cette portion, et la conduira dans un lieu préparé pour la recevoir, sans qu'elle passe entre les meules.

*GH*, volant sur l'arbre de la vis; il est très nécessaire pour en régulariser le mouvement, et vaincre, par son moment, la résistance qui peut résulter des morceaux plus gros ou plus durs que les autres, et, en même temps, pour rendre plus égale la fatigue des roues dentées qui le mettent en mouvement.

Fig. 21, représente la coupe d'un moulin du même genre, dont la vis est placée verticalement dans une trémie circulaire, suffisamment fermée au fond pour empêcher le passage à de trop gros morceaux. Le fond de cette trémie peut être en fonte de fer, et cannelé de manière à s'opposer au glissement des pierres destinées à être broyées; il peut aussi être

ouvert en forme de grille, pour donner
passage à la matière lorsqu'elle se trouve
suffisamment réduite ; ou bien on peut
percer un trou dans une pierre pour
former le fond de la trémie ; ou bien
encore, on peut rendre la meule supérieure dormante, et faire tourner celle de
dessous, en la fixant à l'arbre de la vis ;
dans ce cas la meule supérieure formera
le fond de la trémie. On peut encore dis-
poser les meules verticalement ; dans ce
dernier cas la vis est placée horizontalement au fond d'une trémie fermée en
bas, la vis traversant une des meules, et
étant attachée à l'autre qu'elle fait tourner ; le mouvement de la vis fait avancer
la matière, au fur et à mesure qu'elle la
broie, à travers l'ouverture de la meule
stationnaire, d'où elle passe entre les
meules pour être pulvérisée. De cette
manière, j'ai construit un moulin avec
lequel j'ai fait moudre plusieurs milliers
de boisseaux de pierre à plâtre, à bras
d'homme ; la meule tournante est con-

sidérablement plus grande que l'autre, et sert de volant. J'ai vendu ce moulin à une personne qui l'emploie à broyer le charbon pour un four à acier, et qui s'en trouve bien. La meule est attachée à l'extrémité $A$, fig. 20, la manivelle est appliquée en $B$, et on la tourne de telle sorte que le mouvement de translation de la matière ait lieu vers les meules. Ce moulin à vis peut être varié de bien des manières sans changer de principe, et sans cesser de constituer toujours une bonne machine; mais la forme que l'on voit fig. 20 est peut-être la plus convenable pour le broiement du plâtre, du charbon, du maïs en épis pour la nourriture des bestiaux, des couleurs de plusieurs espèces, des minérais, des écorces, etc. Il est très peu coûteux, et sa simplicité le rend encore plus précieux, puisqu'il n'a aucune espèce d'engrenage, et qu'il se compose d'un très petit nombre de pièces toutes très faciles à construire.

*Composition d'un mastic anglais pour les chaudières et les tuyaux des machines à vapeur.*

> 16 parties de limaille de fonte.
> 1   —   de soufre.
> 2   —   de sel ammoniac.

Broyés ensemble à sec, et conservés de même. Quand on veut s'en servir on humecte le mélange, à la consistance d'une pâte, et on l'applique dans la jointure qui fuit. Ce mastic, une fois bien séché, adhère très fortement aux métaux ; mais il doit être appliqué de dedans en dehors, autant que possible.

# APPENDICE.

Comme il est possible que le sieur Bresson veuille, en vertu d'un brevet qu'il a obtenu de Sa Majesté, empêcher que d'autres de ses compatriotes puissent construire la machine à vapeur d'après les principes énoncés dans cet ouvrage, il sera peut-être à propos d'ajouter ici copie d'une communication que j'ai eu l'honneur de faire à la Société d'Encouragement dans sa séance du 13 décembre 1820, imprimée dans le tome 19 du Bulletin de cette Société, page 338.

Messieurs,

J'ai eu occasion plusieurs fois d'entretenir la Société de feu Oliver Évans, mon concitoyen, et des machines à vapeur de son invention; elle m'a toujours écouté avec bienveillance.

Aujourd'hui j'ai la satisfaction de lui annoncer que M. Bresson, mécanicien, rue de la Vieille-Draperie, n° 13, a confectionné, d'après les notions que je lui en ai fournies, une petite machine sur les mêmes principes, et il m'a chargé de prier la Société d'Encouragement de vouloir bien la faire examiner par son comité des arts mécaniques.

M. Bresson me paraît avoir parfaitement conçu et exécuté cette machine; mais, si je suis très satisfait de lui comme mécanicien, je suis fâché de dire que j'ai lieu d'être moins content de lui sous un autre rapport, et cela moins pour moi personnellement que dans l'intérêt de ses propres compatriotes. En sollicitant du gouvernement, et à mon insu, un brevet d'importation pour cet objet, qui ne lui a coûté ni recherches ni tâtonnemens, il s'est montré, à mon avis, trop partisan du monopole pour l'âge où nous vivons.

En apprenant cette démarche de la part de M. Bresson, j'ai adressé à Son

Excellence le Ministre de l'Intérieur, le 20 novembre dernier, une lettre dont la teneur suit :

« Monseigneur ,

» Ami des arts utiles, j'aime aussi à en répandre la connaissance autant que cela peut dépendre de moi.

» C'est à ce titre que j'ai donné à M. Bresson, mécanicien, rue de la Vieille-Draperie, des notions assez exactes et assez étendues sur la machine à vapeur de feu Oliver Évans, de Philadelphie, mon compatriote, pour qu'il ait pu la construire.

» Comme je considère cette machine comme la meilleure de toutes celles que je connais, je désirais en voir jouir la France, et j'aurais donné à tout autre artiste français, qui eût voulu en entreprendre la construction, les mêmes éclaircissemens que j'ai donnés à M. Bresson.

» La preuve en est que je les avais

déjà donnés à M. Daret mécanicien, rue du Four Saint-Germain, plusieurs mois avant que de connaître M. Bresson; mais les autres occupations de M. Daret ne lui permirent pas de s'en occuper de suite. Plus tard, je les communiquai à M. Bresson qui, jusqu'alors, n'en avait jamais entendu parler.

» Cet habile mécanicien, prêt à terminer sa première machine, qui est déjà assez avancée pour lui assurer un plein succès, vient, à ce que j'ai appris indirectement, mais d'une source certaine, de solliciter un brevet d'importation pour cette machine.

» J'ai cru devoir éclairer la religion de Votre Excellence en lui communiquant ces faits, afin qu'elle pût se demander, avant de faire droit à la demande de M. Bresson, s'il est juste que celui-ci soit autorisé par brevet de Sa Majesté de m'interdire la faculté de donner à d'autres de ses concitoyens les mêmes notions que je lui ai communiquées gratuitement, et d'empêcher à ces mêmes concitoyens d'en profiter à leur tour.

» J'ai l'honneur d'être, etc. »

Son Excellence m'a répondu sous la date du 27 du même mois par une lettre qui prouve que l'objet de la demande de M. Bresson est un brevet d'*invention* et non d'importation, et ajoute que : « Les » brevets se délivrent sur simple requête » et sans examen préalable, et que tou- » tes les difficultés que peuvent faire » naître les titres de cette nature doivent » être résolues par les tribunaux. »

Comme je n'ai ni le loisir, ni la disposition de provoquer une décision judiciaire de la question dont il s'agit, je me contente de rapporter les faits, et de prier la Société de vouloir bien garder la présente communication dans ses archives, afin que tous ceux qui peuvent y avoir intérêt puissent y recourir au besoin, et de m'en faire délivrer une copie authentique.

Je termine en répétant à la Société la

prière qu'elle voudra bien se faire rendre compte de la machine à vapeur construite par M. Bresson, et qui, j'ose l'espérer, sera trouvée digne de son attention, tant sous le rapport de l'exécution que sous celui de sa composition.

*Signé* I. DOOLITTLE.

Paris, le 13 décembre 1820.

*P. S.* Cette machine a été décrite et gravée dans l'*Emporium of arts*, publié à Philadelphie il y a plusieurs années.

Pour copie conforme,

*Signé* JOMARD.

# TABLE.

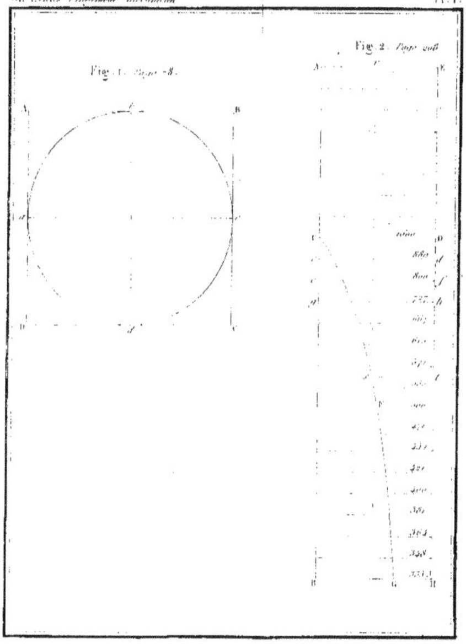

Fig. 1.

Fig. 2.

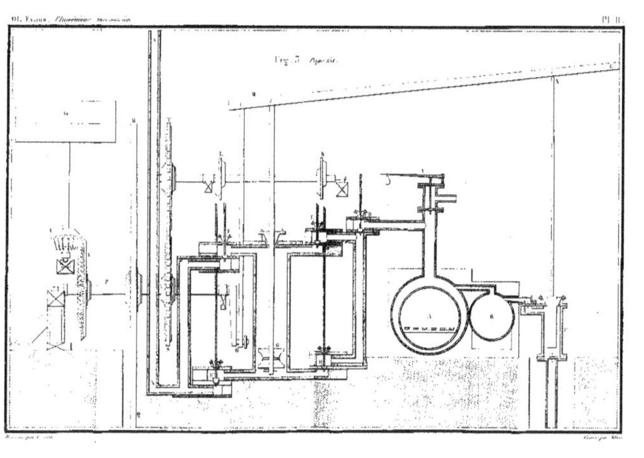

Machine à Vapeur simplifiée Page 157.

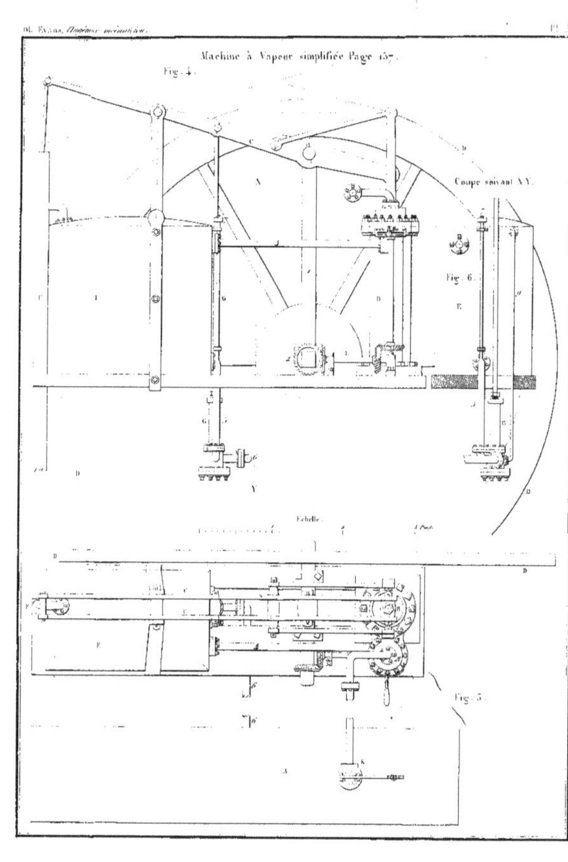

Piston à garniture métallique.
Page 164.
Fig. 7. 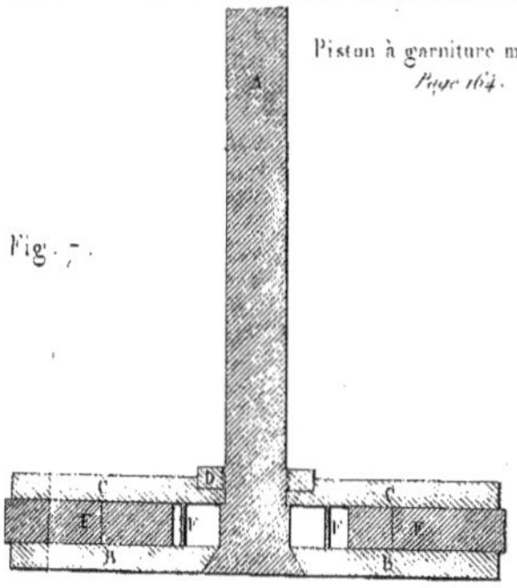
A
D
C
C
E
E
F
F
A
B
Fig. 8.
E
F
G
G
A
E
E
G

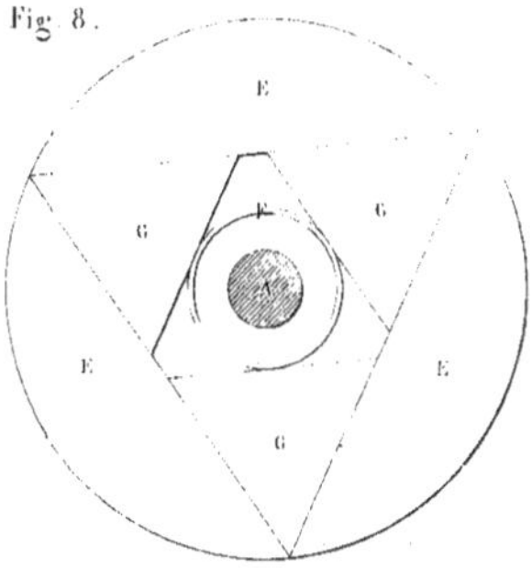

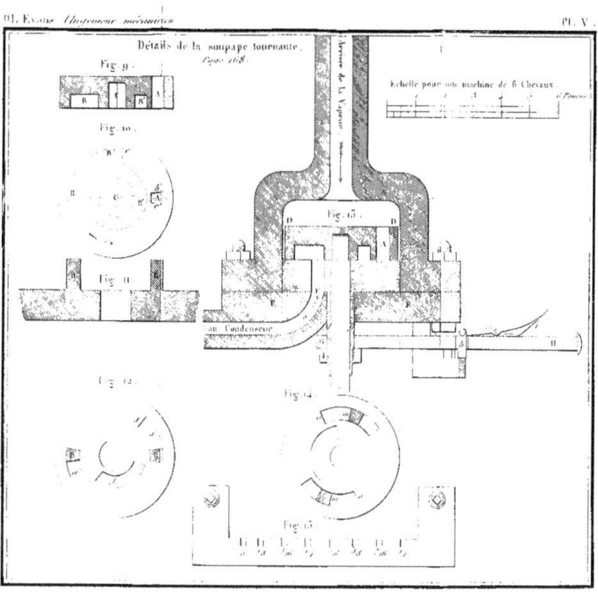

Détails de la soupape tournante.
Page 168.
Fig. 9.
Fig. 10.
Fig. 11.
Fig. 12.
Fig. 13.
Fig. 14.
Fig. 15.
Arrivée de la Vapeur.
au Condenseur.
Échelle pour une machine de 6 Chevaux.
Pouces.

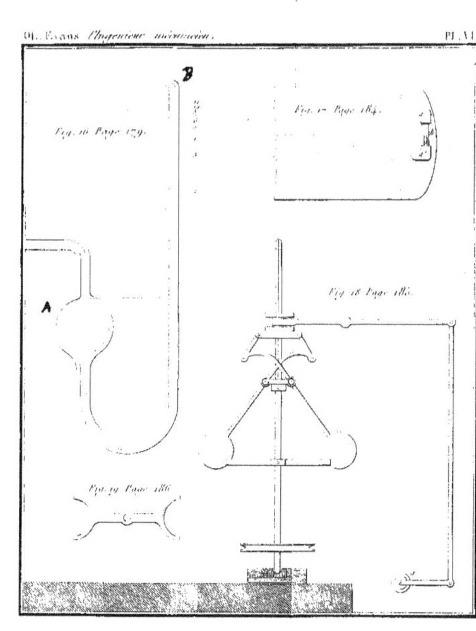

O. Evans. L'Ingénieur américain.
Pl. VI.
B
A
Fig. 16 Page 179.
Fig. 17 Page 184.
Fig. 18 Page 185.
Fig. 19 Page 186.

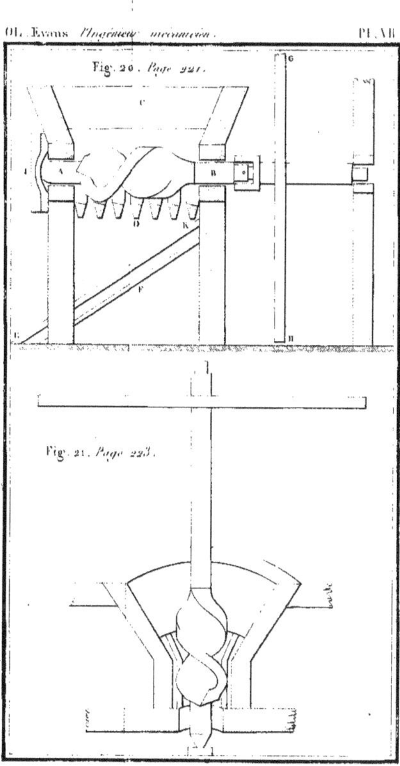


Fig. 20. Page 221.
Fig. 21. Page 223.